寻找教师成长的内驱力

谢云 著

湖南人民出版社 · 长沙

图书在版编目（CIP）数据

寻找教师成长的内驱力/ 谢云著. --长沙：湖南人民出版社，2024.1（2024.12）

ISBN 978-7-5561-3290-4

Ⅰ．①寻… Ⅱ．①谢… Ⅲ．①师资培养—研究 Ⅳ．①G451.2

中国国家版本馆CIP数据核字（2023）第145594号

寻找教师成长的内驱力

XUNZHAO JIAOSHI CHENGZHANG DE NEIQULI

著　者：谢　云

出版统筹：陈　实

监　制：傅钦伟

资源运营：湖南中教出版传媒有限公司

责任编辑：张玉洁

特邀编辑：鲁慧敏

产品经理：冯紫薇

责任校对：夏丽芬

封面设计：董严飞

出版发行：湖南人民出版社有限责任公司［ http://www.hnppp.com ］

地　址：长沙市营盘东路3号　邮　编：410005　电　话：0731-82683357

印　刷：湖南贝特尔印务有限公司

版　次：2024年1月第1版　　　　　印　次：2024年12月第2次印刷

开　本：880 mm × 1230 mm　1/32　印　张：6.625

字　数：140千字

书　号：ISBN 978-7-5561-3290-4

定　价：52.00元

营销电话：0731-82221529（如发现印装质量问题请与出版社调换）

目
录

贰 砺炼——
做有学习力的教师

淬炼——
做有思想力的教师

前言

给新教师的话

这是新的季节，新的生活，新的你——经过漫长的修炼，终于，你从讲台下的学子，成了讲台上的教师。这不只是空间意义上的变化，更是身份角色的变化。教师，是孩子求学路上的陪伴者，是他们生活中的"重要他人"，甚至是他们心中的权威。尤其是在小学阶段，他们可能会拿你的话当圣旨。他们不一定会说"我的爸爸妈妈怎么说"，但他们的口头禅一定是"我们老师怎么说"。对你来说，这是权利，更是责任。所以，你首先要考虑的，应该是怎样去承担这样的责任。

也许，这样的责任并非是你所喜欢和期望的。人生最大的幸福，莫过于"做我所爱"。如果我们选择或从事的都是自己喜欢的，我们可能更容易以做事为幸福，以工作为乐趣。从道理上讲，每个人都有权利与责任去"做我所爱"。但是，能不能这样做就是另外一回事了。如果没有遇到自己的"所爱"，就应该考虑"爱我所做"。否则，只会"身在曹营心在汉"，陷入"灵与肉的分离"之中，承受无尽的苦役和煎熬。

如果要继续这个职业，那么，请在走下去的同时爱下去。行走在路上，最可怕的不是目标遥远，而是心怀抱怨——抱怨，除了把自己的情绪弄得更加糟糕，不会有任何益处。若能以一种美好、平和的心态去面对，无论是坎坷泥泞，还是康庄大道，我们都会更容易感受到行走的意义和乐趣，更容易在岁月的流逝中找到自己的价值和意义。无论如何，不要与自己的工作为敌，更不要与自己所做的事情为敌，就像禅宗里说的"行人莫与路为仇"。

作为教师，如果以被动的心态去面对和从事工作，你可能会有应付的感觉，有不得不完成任务的感觉，你可能会觉得：世界上最遥远的距离，不是天涯和海角，也不是飞鸟和鱼，而是从星期一上午到星期五下午。反过来，如果你觉得工作就是自己应该做的事，值得投入全身心去做的事，那么，你将更容易在工作中感受到乐趣，在付出中体验到快乐。教育，是特别需要身心投入、需要倾情奉献的事业。在我看来，如果一个人不能从本职工作中获得快乐和幸福，那么他的职业以至整个人生，都将非常灰暗、悲惨；而那些能够从教育、教学过程中获得快乐和幸福的人，更容易成为"好教师"。

我们还应当明白：教育是关乎生命的事业，生命的成长总是缓慢而柔软的。我们总是习惯把学校比作花园，把孩子比作花朵，这是诗意的，但不够科学和准确。学校不是温室，花朵也太过柔弱；蓓蕾不长久，花开只一季。孩子更应该像一棵树，有自己的根系和枝叶。树的生长与发育，是缓慢、优雅、从容的。"十年树木，百年树人"，"桃三李四杏五年"，我们怎么可以期望今天种下一棵树苗，明天就收获累累硕果呢？

或许我们都知道，生命的成长，不只缓慢，也很艰难。因此，教师对学生，除了陪伴、守望和耐心的等待，还需要有真切的理解——只有理解，教师才能与孩子有心灵的沟通，才能对孩子成长的艰辛和不易有真切的同情和体谅。不是每个孩子都聪明、懂事，也不是每个孩子都能如我们期望的那样听话、顺从。每个人都有自己的边界和局限，孩子更是如此——就像一棵幼苗，在成长的过程中，总会遇到难以想象的波折和坎坷、痛苦和磨难。作为教师，我们要像苏霍姆林斯基说的那样，始终不要忘记自己曾经是个孩子，始终以孩子般的眼光去看待他们，始终以孩子般的心跳去回应他们。

也许，随着时光推移，我们会把教育从职业变成事业，甚至"志业"和"命业"——自己志愿做的事情，愿意用生命去做的事情。但是不管怎样，我们必须首先明确：我们是人，不是神，我们应该爱教育，但是更要爱生活。一个好教师的生活里，绝对不会只有教育。一个好教师，首先应该是一个有丰富的生活体验和生活情趣的人。只有这样，我们才有可能让学生知道怎样去发现和创造幸福的生活。一个人不可能把自己没有的东西交给别人，一个教师也不可能把自己没有的东西教给学生。

显然，这个"教"字所意味的，不只是生活和幸福，还应当包括自己的成长。学生在不断成长，我们也应当不断成长。我愿意相信：成长就是变得更优秀，或者说，成长就是发现更好的自己，创造和展现更好的自己。每个教师，都是在跟孩子交往的过程中、在陪伴孩子不断成长的过程中，才慢慢学会做教师的。这个过程，其实就是彼此陪伴、彼此牵挂、彼此成全的过程——在成全孩子的同时，我们也成全了自己。要想更好地成全孩子和自己，我们需要不断努力，让自己成为更好的教师。"我希望自己拥有最出色的学生，所以我必须使自己成为最出色的教师。"我很喜欢这句话，如果你也喜欢，请一定努力让自己更为出色，让自己更能配得上你的工作、你的学生。

无论从事什么样的工作，我们首先要让内心安定，灵魂安妥。内心不安定，容易情绪浮躁；灵魂不安妥，容易身体游移。情绪浮躁，容易感觉烦乱；身体游移，容易感觉飘浮——无根的状态，会让我们感觉无所依凭，就像一叶浮萍。人生短暂，能够让我们飘浮的时刻不多，所以需要尽快安定心神，在"有所不为"的前提下，做到"有所为"，在有所放弃的前提下，做到有所坚持。我一直相信：有些事情，不是看到了希望才去坚持，而是因为坚持了，才会看到希望——教育如此，做教师，也是如此。

壹

陶炼——做有行动力的教师

做教师，就要做教育的主人

我近年来常常翻读禅学书籍，所以当我听到张文质先生在一场教育活动中提到"路怒症"时，便一下子想到了黄龙慧南禅师的"行人莫与路为仇"。

"路怒"（roadrage）这个舶来词，是汽车时代的产物。顾名思义，就是带着怒气开车：上路就骂，见车就超，情绪容易失控，喜欢跟人"顶牛"；有时甚至会带有攻击性行为：挑衅车辆，伤害路人。

患此病的原因甚多，情形复杂。据说，"路怒"最根本的症结是，患者对路况有种不正确的期望：一旦开车上路，他们总以为路况一定是自己所想的那样，且不应该有任何意外状况发生。

"路怒"虽源自道路，其表现却不只在道路上，或者说，不只在具体的"道"上。读书时，对作业感到厌烦；上班后，对工作感到厌烦；做事时，对事情感到厌烦……如果我们总是以"仇敌"的心态面对生活，那么我们就会情不自禁地抱怨，莫名其妙地愤怒，这是非常可怕的事情：抱怨无益于改善状况，愤怒只会让心情更加糟糕。

美国的心理学家罗杰斯说过，教师在任何时候都应该成为一个积极的建设者。作为教师，我们应该随时调节好自己的情绪和状态，始终以积极向上的心态去教书育人。

网上曾流传所谓的"十大黄金定律"。据说，只要遵循这些定律，就能"摆脱穷忙的人生"。其中，第一条是"思考你想要的生活"，第二条是"明白你为谁工作"。对教师而言，"明白你为谁工作"还是非常有意义的。在前两年流行的励志书《你在为谁工作》中，作者给出了一个结论："我们在为他人工作的同时，也在为自己工作。"这个结论不过是"主观为自己，客观为他人"的翻版，没什么新意，但因为其朴素、实在，还是能引起人们的思考——所有工作，都有利人和利己这两面，明白这点，我们就会少很多抱怨。做教师，更应该有一些超越常人的素质：襟怀宽广，心胸明亮，情绪健康。无论在何种情况下，教师都不应当带着失望、沮丧、抱怨、敌意等消极情绪。

前段时间，我跟一个朋友聊天，曾有这样的感叹——生活，其实就是你看待和解释生活的方式：你怎样看待世界，就会有怎样的世界；你怎样解释生活，就会有怎样的生活。跟教师们交流时，我常说，如果你觉得教书只是职业，靠它挣钱，养家糊口，你可能就会把所有工作都当成任务，把任何多出的事情都当成麻烦，觉得度日如年，如在囚笼。但是，如果你觉得教育就是你的事业，当好教师就是你的本分，你就会愿意为之努力，心甘情愿、不计报酬、不带抱怨，当然，你也会更容易有成就感、幸福感和归宿感。

而在现实生活中，我有更多的发现：那些能够积极主动地从事工作、毫不抱怨和计较的教师，往往幸福指数较高、幸福感受较强，甚至，往往是我所认为的"好教师"。我一直坚信：能够从本职工作中获得幸福的教师，更容易成为"好教师"。

我们要做自己的主人翁，不管走到哪里，都能够自己"做主"。逛公园时，若把公园当成自己的私家花园，就会一枝花也不舍得折下；乘公车时，若把公车看成自己的私车，就会一个纸屑也不忍丢下；住旅馆时，若把旅馆看成自己的家，就会爱惜旅馆里的一切，而不是抱着"我只住一晚上"的心态。倘能这样"随处做主"，自然也就会"立处皆真"了。

所以我说，每个教师都应当努力做有掌控力的教师。我们要学会管理自己的时间，掌控自己的工作和生活，甚至学会掌控自己的课堂。要知道，我们工作不仅仅是为了自己，还是为了求知的万千学子。教书育人，是教师的本职，把本职做好，灵活驾驭自己的课堂，以合适的教学方法来教授自己的学生；在与学生的朝夕相处中获得愉悦感，在为教育奉献的过程中获得幸福感，只有这样，我们才有可能真正做好"教育的主人"。

我们要坚信，自己就是"教育的主人"。一旦站上讲台，就可能会终生站在讲台上。所以，我们首先要让自己满意：对得起自己的良心，无愧于自己的职责。

我们，就是教育的主人，能有这种"随处做主""随时做主"的心态，就会发现，教育其实也有很多可爱之处，教育生活也可以很美好。即便不够美好，我们也能坦然面对，并努力改变。

做教育的"先醒者"

闲着的时候，我很喜欢把玩字词，或者说"玩味"字词，从诸多角度悬想、解读文字。比如说"先生"一词，古时学生称老师为"先生"，老家人称医生为"先生"。很多地方，对有学问、有修养的人通称"先生"，年纪大的则是"老先生"。但为什么会以"先生"称之呢？这让我有了把玩的兴味。

我最先想到的是"先醒"。在关于教师与思考的文章中，我说过："我们不能先行，但可以做到先醒。"行者是做事的人，做事就有先后，如果说教师是"行者"，优秀教师当然就是"先行者"。所谓"得风气之先，敢为天下先"，如东坡诗所说，"春江水暖鸭先知"。优秀的人，总是这样，在别人还待着的时候，他已经开始跑了；在别人还歇着的时候，他已经开始做了。

当然，并非所有人都能成为"先行者"，因为先行需要有思想、有识见、有眼力，对事物敏感，前瞻意识强。如果不能先行，我们也应当成为"先醒者"。我认为，这正是教师的职业要求，也是教师应有的角色意识。

原以为，以"先醒者"来言说教师的身份和角色是我首创，颇有些沾沾自喜。没想到一检索，"先醒者"早被人注册了。史载，唐太宗深知，后继者要德才兼备，才能确保江山永固，而促使后继者成才的要招，在于师父的教导。所以，他遴选出类拔萃之士，做太子、诸王的师父，又恐他们不敬师父，便常常向他们讲述师长的地位和功用，称师长是"人之模范""先醒者"，与君父并为"人中三尊"。看来，李世民真没辜负他的名字。

再一深究，又发现"先醒"这一词语的"发明权"并不归李世民，而属于西汉时的贾谊。在《新书·第七》中，他有专章对此进行论述，题目就叫"先醒"。有人问他："人之谓知道者先生，何也？"他说，这是尊称，既可用于帝王、达官贵人，也可用于普通士子。但是，真要为"先生"正名，他说应是："非为先生也，为先醒也。"也就是说，"先生"即为"先醒"。

何为"先醒"？贾谊打比方："辟犹俱醉，而独先醒也。"这让人想起屈原的"举世皆醉我独醒"。不过，屈原到底是没有醉。"先生"大约是醉的，只不过醉得浅些，大家还瘫作一团泥时，他先醒了，仿佛能"先知先觉"。贾谊说："故世主有先醒者，有后醒者，有不醒者。"又说，有些人主，不知治乱存亡的道理和根由，昏昏然执政，就像喝醉了酒。而贤明的帝王，总是"学问不倦，好道不厌，锐然独先达乎道理矣"，也就是首先觉悟，意识到事物发展的根本规律；"故未治也，知所以治；未乱也，知所以乱；未安也，知所以安；未危也，知所以危"。即是说，在"治乱安危"

方面，率先明白、清醒。否则，到乱象已成，才知其危，已悔之晚矣。

贾谊举了个例子，春秋时期，虢国君王骄恣自伐，谄谀亲贵，遣逐谏臣，国人不服。晋国军队来袭，百姓顿时作鸟兽散，他也只好逃亡。逃亡路上，他说渴，车夫便拿酒给他；他说饥，车夫便拿干粮给他。他问："你从哪弄的这些东西？"车夫说："早准备好了，为你逃亡时用。"他又问："你知道我会逃亡？"车夫说："是。"他再问："知道怎么不早说？"车夫回答："你爱听谄言，憎恨真话。我早说了，恐怕国家没亡，我先死了。"贾谊由此感叹："故先醒者，当时而伯；后醒者，三年而复；不醒者，枕土而死，为虎狼食。"这虢君便是明证，他死于流亡途中。

人都有差异。先天的且不说，仅以后天的为例。因为个人的识见、修为不同，能力、意识有别，这便注定了并非每个人都能"先行"，也并非每个人都能"先醒"。即使贵为"人主"，也有"先醒""后醒""不醒"之别。贾谊的意思，就是要做"先醒者"。尽管他是针对"人主""帝王"，其间道理，对我们仍有启迪。有学问、有修养的人，当然要比一般人更明白事理，故称"先生"，也即"先醒者"；医生要对症下药，必须先于病人而知道病因，自然也该是"先生"，也即"先醒者"；教师要"传道受业解惑"，显然也必须先于学生通晓知识、明白道理，自然也应当是"先生"，也即"先醒者"。

由此，我们可以对"先生"也即"先醒者"做些梳理：清醒、冷静，审时度势，不浮夸、不自欺，这是前提。其次，要知道过去的经验教训，要明白将来的趋势走向，以此判定现在的方位和坐标，选择未来的策略和路径。

　　无论是个人还是社会，理想与现实的模样总是会有一定的差距，教育也是如此。现实的教育与理想的教育不可能一致，就像"已然"与"应然"之间的差距一样。而这正是需要我们努力思考、争取改变的地方。大家都在盲目做着的时候，先明白这做法对还是不对。即使自己还不知道正确的方式是什么，但至少应该知道目前错在哪里，这样才可能思考并寻求正确的做法。

　　应该说，每个时代、每个领域、每个重要时刻，总会有"先醒者"，总会有人率先清醒地认识、理性地思考，正是他们影响着、改变着世界。这些年来，一次又一次的改革使得教育发展越来越理性、科学。比如说，在新课程改革中，有很多理念已经在接近理想的教育、"应然"的教育和符合规律的教育，而这改革的发生，正是因为"先醒者"的清醒思考。

　　当大部分教师还在靠一本教参打天下的时候，窦桂梅就已经意识到，依赖教参会使独立思考成为一件极其困难的事情。因此，她把读书当作生活中不可或缺的一部分。当很多人还在课堂上滥情表演、浅薄热闹时，她就已经清醒地意识到了潜在的危机，并开始着力于文与人、语言与精神的同构，从而形成了整体构建课堂教学的思想。正因如此，她才从众多的语文教师中脱颖而出，成为"先醒者"和"先行者"的典范。

　　当然，作为普通教师，也许我们的思想不够深刻，视野不够开阔，见识不够高远。但是，优秀教师并非一开始就是优秀的，"先醒者"也必然曾经有过昏然沉睡的时候。问题只在于谁率先醒来，谁率先行动。我始终相信：环境再糟糕，条件再艰难，我们都能做一些力所能及的事。比如说，我们不能先行，但应做到"先醒"，即使不能做到全醒，至少也不应该一直昏昏然大醉，茫茫然沉睡。

有人或许会说，先出林的笋子先遭难。但我们也知道，先出林的笋子，会先得到春天，就像先醒的人，必会先看到朝霞一样。

好教师的"三明"

清人史震林在《西青散记》里，记录了友人柯山所说的人生四憾："幼无名师，长无良友，壮无善事，老无令名。"这句话非常值得玩味。尤其是第一条。按《三字经》的说法："人之初，性本善。性相近，习相远。"人生来都是懵懂的，彼此差异不大，但如果遇上好的老师，就可能有好的修为、好的前景。因此，古人讲究"从名师游"，现在则是选择名校。择名校也就是择名师，选择一个好老师。

张文质先生曾说过，好教师很贵，坏教师更贵。选择一个好教师，也许会花很大代价，但是，如果孩子遇到一个坏教师，知识错谬、能力低下还不要紧，要是人格不正、品行不端，最后所付出的代价，可能就会更昂贵。一个孩子受到错误的教育后，要想再矫正过来，所花精力，肯定会比让孩子一开始就接受正确教育大得多。

不过，对史震林所说的"名师"，我颇有微词。

所谓"名师"，是从名声、名气、名望而论，名师不一定就有真才实学。我一向不太喜欢"优秀教师"的说法，而喜欢用"好教师"的概念。现在我想说的是，与其为孩子选择"名师"，不如选择"明师"。

宋代临济宗高僧浮山法远禅师曾说：

> 住持有三要：曰仁，曰明，曰勇。仁者，行道德，兴教化，安上下，悦往来。明者，遵礼义，识安危，察贤愚，辨是非。勇者，事果决，断不疑，奸必除，佞必去。仁而不明，如有田不耕。明而不勇，如有苗不耘。勇而不仁，犹如刈而不知种。三者备，则丛林兴，缺一则衰，缺二则危，三者无一，则住持之道废矣。

尽管他所说的是"住持"的事，但往大了看，每个教师其实也是"住持"，一个班级、一个年级，甚至一所学校的"住持"。法远禅师所说的"仁、明、勇"，对我们来说也并非毫无意义。择其中的"明"字，我想对我所理解的"好教师"，做一个"三明"的理解或主张：

好教师应是"明白之师"

明师的"明"，按字典意义，至少有这样一些义项：眼力好；眼光正确；对事物现象看得清。因此，"明师"首先是指真正明白的老师——明白自己，明白学生，明白什么是教育，明白应该如何去教育，明白怎样的教育方式更有助于学生成长。

教师的主要任务是教书育人。以前说"要给学生一碗水，教师必须有一桶水"，随着时代发展，现在我们更习惯说"要给学生一碗水，教师必须是一条河"。"明师"应当具备扎实的专业知识、广博的课外知识，同时要能针对不同学生、不同班级、不同课型，运用灵活的教学方法，使学生最大限度地掌握所学内容，实现良好的教学效果。

在这个问题上，我一直觉得，学问还是次要的。教材上的所有知识都是教师学过的，至于教学方法、教学技术，教师也在师范院校进行过系统训练，进入岗位后相关知识也会慢慢得到积累。而且，通过参与培训和教研活动，教师们的教学能力和手段也会不断丰富和提高。但是，对教师而言，仅有这些还不够，这些只是在"教书"。除教书外，教师还要育人。只教书不育人的老师，培养的学生可能只有知识而没有灵性，只有学问而没有人性，只有技能而没有创造，只有小聪明而没有大智慧。

在中国传统里，有"经师"、"人师"之别：授业解惑的是"经师"，传道育人的是"人师"。按古人的说法，"经师易得，人师难求"，如果教师在品德修养方面不过关，在情感态度价值观方面存在欠缺或差谬，对学生的伤害是难以估量的。所以，"明师"应该知道自己是谁、在做什么、该有什么样的追求、究竟要去往何处。教师如果不弄明白这些，就可能像黄檗希运禅师所讲的"未悟人管道场，道场即成魔窟"。

"明师"应该说自己明白的话，不能把自己都不清楚、不理解、不明白的东西硬塞给学生，如孟子所说的"以其昏昏，使人昭昭"。我们时常听老师用爱迪生的名言教导学生：天才是99%的汗水加1%的智慧。但很少有老师明白爱迪生的原话是：天才是99%

的汗水加上1%的智慧，但那1%的智慧却比99%的汗水更珍贵。由此可见，如若在自己都没有明了的情况下传授知识，只怕是会闹笑话。

好教师应是"明亮之师"

教师容易患一种职业病，即"好为人师"病，时刻板起"教师爷"的面孔，言必道德，说辞堂皇，絮絮叨叨，却陈词滥调。

我曾看到一则新闻：一位名师的孩子在她自己教的班里读书，她刚给孩子配了一副500多元的眼镜，谁料竟在班上弄丢了。老师认定是班上学生偷的，就气急败坏地挨个询问学生，学生们都说不知道。于是，这位教师竟对学生进行搜身，眼镜依旧没有找到。一怒之下，她命令全班44个学生集体下跪，甚至还用直尺打学生的手，她一边打还一边落泪，一些感到委屈的学生也跟着哭了起来，当时的情形可想而知。

这事被家长得知后，引起了轩然大波。最后的结果是这位"名师"被教育局通报批评。记者一路走访，最终了解到这位教师平日里其实是个对工作非常认真的老师，还经常给学习跟不上的学生补课。但她的家境一直以来都不是很好，这或许是她那天会情绪失控的一部分原因。

这么优秀的教师，却做出如此骇人的举动，我想最根本的原因应该是心理压力太大，久而不得纾解，最终成为心理问题。

因此，一个好教师，应该有特别明亮的视野、特别明朗的胸怀，既明确自己的责任和义务，也明白自己的边界和局限。更重要的是，要摆脱人皆有之的沮丧和消极之感。只有这样，才不会被眼前的阴霾或局部的迷障遮蔽，才不会因一时的得失和窘境而"英雄气短"。

好教师应是"明天之师"

我喜欢这样一种说法：派往明天的教师——教师所做的工作，虽然都在"今天"，但其意义是在明天。我们的学生，必然要生活在"明天"，所以，教育必须"面向未来"，教师必须"面向明天"。

教育，是理想主义者的事业，教师应该是有理想的。我跟特级教师王木春作关于"教师的信仰"的对话时，他提到一句话："好教师往往是不可救药的教育理想主义者。"我非常喜欢这句话。这种"不可救药"的理想情怀，是所有"明师"共有的特征，也是我们成为"明师"的必然路径——对教育有理想，才可能听到更高远的声音，看到更辽远的风景。一个过于沉溺于现实的人，很容易被现实困惑，被喧嚣的物欲淹没同化，最终只能随波逐流，像草一样难以自拔。

如果我们习惯于得过且过，那么，我们的内心世界就会变窄化，精神境界就会变矮化：缺少理想，缺少对未来的期望，缺少对自己的坚信，更缺少对职业的使命感和担当意识。没有远方的辽阔，我们只能感觉到当下的逼仄；没有对未来的期许，我们只能关注当前的利益、眼下的得失，我们只会用所教的课程把学生局限住、束缚住，让他们的眼睛渐渐蒙上灰尘，越来越近视、短视。

为了明天，我们应该让自己变得更加明白、更加明亮、更加明智——有人把教师分成三种：上品为导师，中才乃教书匠，下流是驯兽师。驯兽师手持教鞭，把学生当牛马驱使，奉行"棍棒之下出孝子"；教书匠只教书不育人，把学生当作机器，心中只有"标准答案"和"产品模式"；唯有导师，才能让学生感觉"如坐春风"，身心两健，使学生妙相庄严，自成天人。

按佛家的说法，人要成就庄严妙相，三分得于天才，三分源于努力，三分得于境遇良师，余下一分则要看时间。学生到我们这里时，"天才"的三分已经确定，但还有六分可以由我们给予。若遇"明师"，他们的努力会更有成效，发展会更有前景。当然，若遇"无明"之师，他们可能很难真正努力，即使有所努力，也很难保证目标和效果。

按海德格尔的说法："人是被抛入这个世界的。"在目前的教育体制下，一个学生出生在什么地方，被划定在哪个区域读书，进入什么样的学校，被分到哪个班级，遇到怎样的老师，都不是他所能决定的。作为教师，只有尽可能让自己变得更美好，变成"明白之师""明亮之师""明天之师"，才能够无愧于自己肩负的教书之责、育人之责。

发现自己的天赋，成为独特的教师

教师专业成长，是教育界近年来的一个热词。成长是必然的，问题是如何出发？或者说，这出发点建基于何处？于漪老师的一句话让我豁然开朗："教育的力量在于教师的成长，而教师成长的根本在于深度的内心觉醒。"

人来到这世上，最初都是混沌、蒙昧的，而成长的过程，就是不断觉醒的过程。教师的成长和发展也是如此。

大多数情况下，我们把教育看成艺术，既然是艺术，就肯定需要天赋。

每个人都有潜在的教育天赋

每个人都不可能是天生的教师，但每个人都会有潜在的教育天赋——天生具备的、适合做教师的那种资质、禀性、能力。只是很多时候，这种教育天赋就像蒙尘的宝石，处于被掩藏、被遮蔽的状态，它需要特定的时机去催生，需要特别的事件去发掘——无论是别人提点，还是自己悟得。

甚至可以说，一个人成为真正的教师，并非从站上讲台开始，而是在发现自己天赋之时。

他酷爱音乐，所以他最大的梦想，就是创作一部震撼世人的交响曲，在音乐史上留下名字。但他家庭困窘，又面临添丁压力，为预防"不时之需"，他谋到一份音乐教学的工作。因为不热爱，所以不安心，他总是敷衍。学生素质也差，弹奏乐器走调，他束手无策。在学科考试中，他教的班全军覆没，他的自信心也遭到严重打击。

校长告诫他，作为教师，有两项工作要做：一是用知识充实年轻的头脑，二是做一个指南针，指引那些头脑，以免他们学到的知识被浪费掉。显然，第二点更为重要。

他由此反思，并寻求改变。他将学生喜欢的摇滚乐引入课堂，让他们感受流行音乐和古典音乐的联系。他引导他们了解音乐的奥秘，明白音乐与生活、心灵的关系。他不再行色匆匆，刻板冷漠；而是面带微笑，时常幽默。课堂气氛渐渐活跃，他也日益被学生喜欢、敬佩。在他的熏陶和引导下，原本对音乐一窍不通的两个学生分别学会了单簧管和大鼓。

他喜欢上了教书，并在那所学校里一教就是30多年。他用爱心、信任和理解赢得了师生的尊敬和爱戴。后来他老了，学校为节省开支取消了音乐课，于是他被解雇了。在妻儿的陪同下，他收拾行李，准备离开。经过音乐厅时，大门无声打开，他惊呆了：舞台正中悬挂着巨大的横幅，上面赫然写着他的名字，观众席坐满了人，大多是他教过的历届学生以及社区里的名人，全场响起热烈的掌声——原来，这是为他准备的专场欢送音乐会。

当年那个乐感极差的吹单簧管的小女孩，现在已是州长。她发表了深情的致辞：

> ……全因你，我们成了更好的人。我们就是你的交响乐，我们就是你的旋律和音符，我们就是你最华美的乐章。我们的生命，因为你而变得动听！

泪眼模糊中，他接过女州长递给他的指挥棒，走上舞台，望着由他历届学生组成的乐队，开始指挥他一生中最重要的作品：《美国交响乐》。

他叫霍兰，一个并非心甘情愿进入教育领域，却凭着音乐天赋而做得非常优秀的教师。很多年前的一个夏日夜晚，在一张旧碟片上，我与他不期而遇。此后的岁月里，我不断重温这个故事，女州长的话，一直在我的脑海中回响。这部名为《生命因你而动听》的美国电影，影响并改变了我和我的教学方式，以及我对教育的理解和认知。

一个人不可能成为他自己都不愿意成为的人。换句话说，一个人成长的必然前提是他自己的"意愿"和"愿意"。因为某种契机，突然醒悟、意识到自己的命定和必需。对教师而言，这种醒悟的发生，这种意识的萌动，往往建基于对自身教育天赋和潜能的发现。用于漪老师的话说，只有在他有了"深度的内心觉醒"后，才会主动地成长，慢慢地成长。

正是在霍兰的影响下，我渐渐醒悟。作为语文教师，我选择了以文学的方式切入教学：给学生推荐和介绍大量的作家、作品，把自己的教学时间、辅导时间、别人用来讲题和做作业的时间，尽可能地交给他们用来阅读和思考。甚至在主题班会时，我也常以文学作品入手，让他们阅读、思考、讨论，我固执地以为，培养他们对文学的兴趣、爱好，对美好人性的自觉追求，尽管于升学考试无益，但至少可以为他们的人生多打开一扇窗户，多提供一种向度。

现在，我离开一线，成了语文教研员，在与一线老师们的接触中，我依然倾心于以文学的方式来观照教育，观照教师的专业成长、自主发展——自发，主动。从觉醒的那一刻，我便一直没有放弃思考，没有放弃不断的前行。

"我做了一辈子教师，但一辈子还在学做教师！"于漪老师说，"我必须超越，这是生命的姿态。"这位年满八旬，从教近60年的老人，依然走在我们前面。

优秀的人在旅途上发现自己

如果说，教育是一次漫长而艰辛的旅程，那么，每位教师都是路上的行者。似乎有人说过：在漫长的旅途中，最能发现他人的面目、优点与缺陷。其实，对自己潜能和天赋的发现，往往也是在这样的旅途中。

王木春：坦诚的赤子情怀，骨子里的书生意气

"最大的天赋，不是知识，而是个性，赤子般的个性，真实坦诚地做自己，包括在学生面前。"王木春说，"我喜欢告诉学生自己的心情、感受，无论是欢乐的，还是苦恼的，也喜欢听他们聊自己

的想法。"

作为全国优秀教师、特级教师，王木春在福建省东山一中教高中语文。全县20万人，局促于那个叫"东山"的岛上。学生大多来自农村，素质低，阅读面狭窄。王木春说："这是令我最痛苦的。"但是，他本着坦诚的态度和对生命成长的艰辛的理解，慢慢地接纳了。

有一次，在某届学生毕业后，一个女生给他寄了一封长达21页的信。她完全把他当成了兄长，尽情倾诉。她回忆高中时他说过的一些话，当然不是课本中的言辞，而是他给他们朗读的文章、读完后的胡乱点评。这些话都是关乎心灵的、人生的，和考试无关。

王木春说，这封信件成了他教学生涯的转折点："我第一次发现，学生不像我们想象的那么幼稚。他们有思想，他们可以沟通，甚至比一些同事更容易沟通。因为，他们大多有一颗赤子之心。"

面对这颗赤子之心，他坦诚相待。他的教学风格逐渐转变。即便他不当班主任，他也会花不少时间与学生聊天。"起初是培养感情，后来便是一种自然而然的感情流露。"师生间有了感情，也就有了默契，有了心灵的相融相通，相互和谐，而他的教学效果，也就慢慢呈现出来了。

"坦率，真诚，善于与学生沟通，这是优秀教师的最大天赋。"王木春说。

孙明霞：宽容，善意，对生命成长的同情

"你为什么会对学生那么好？"这是孙明霞经常被同行们问及的话。

"所谓的好，其实就是对学生的关注、尊重、理解、同情、善意、宽容……"孙明霞说，"或许，这与我年幼时的经历有关？或许，是我天性敏感、善良，不忍伤害别人？"似乎她自己也不能确认。

读她的书，与她交流，让我一直觉得，她天生就是做老师的料。而她的受教育经历，更是促进了那种几乎是本能的素质的形成。大量事实表明，在教育过程中，教师自己的个体教育史一直或隐或显地发挥着重要作用。

"年幼的记忆中，我是没有尊严的孩子。"她说。父母都是农民，家中孩子多，在温饱都成问题的山村，读书是一件十分奢侈的事情。"好不容易上学了，因为姑姑是教师，无论谁欺负我，挨揍挨骂的一定是我——农村人很朴素的想法，不能偏袒自家孩子……"事隔多年，回想这些经历，她仍不免疼痛。而更大的疼痛来自一位民办学校的老师，因为她的木讷、笨拙，经常流鼻涕，他就给她起了一个侮辱性的绰号。所有同学、村民见了她，老远就喊那个绰号。

"因为这份伤害，我深知不被尊重的痛苦。所以，自从走上讲台的第一天起，我就时刻警告自己：当教师的，面对的是晶莹如露珠般的心灵，需要加倍小心的呵护，在任何时候都不能伤害那些纯洁、脆弱的心。"孙明霞的教育理念，源自她疼痛的受教育经历。

所以，她面对学生，总是充满期待、信任的笑容；对犯错的学生，她总是尽可能地宽容，从不讽刺挖苦、体罚学生；和学生谈话，她从不居高临下，而是搬椅子让学生坐下，心平气和地站在学生的角度分析；与家长沟通，她也绝不告状，而是共同探讨教育的方法、途径……

"我始终坚信：自己心里充满阳光，才能培养学生的阳光心态、健全人格；只有对学生付出真情，才能让学生心中有真情进而真诚对待他人……"孙明霞说。童年的伤害，激起的是她对生命成长的无限同情，而不是埋怨。

沈丽新：一腔温情，一怀善意，对美好事物的执着迷恋

做了17年教师，沈丽新依然不说"热爱"教育，也不说"爱"学生。"我以为，教师对学生真正的关爱，就展现在教师平日面对儿童时候的姿态里。"她说，"我依然坚持自己不是个优秀教师，但是接受别人觉得我有做教师的天赋——虽然自己不认可。"

她并不认为天赋是成为专业教师的唯一条件，但是她认可一个人后天的阅读与历练。事实上，她正是在阅读《年轻的女教师》一书后才被唤醒，随后缓慢地进入真正的教育之中的。

"安妮的仁慈、悲悯、良善、博爱让我震撼不已。"她说。其实，清醒地意识到自己的命定和必需，正是缘于对自身专业潜能的发掘、对教育天赋的确信。

《中国教师报》编辑李茂曾对她做过一次在线访谈，主题是：教师对学生的爱，究竟包含哪些内容？请列出你认为最重要的关键词。她写下了10个词：温情、善意、敏感、理解、尊重、呵护、随顺、体谅、专业和自省。这些质素，大多与人的天赋有关。

作为小学英语教师，被我和李茂共同认定为"温情派"掌门人的沈丽新认为："教师必须对儿童持有温情与善意，教师必须专业地面对儿童，教师必须具备极强的自省能力。"

"如果一定要定义我为有天赋的教师，或许可以稍稍调整一下：持有了某些想法，让我在成为一个更具专业素质的教师的成长

旅途上行走得更坚定。"沈丽新说。

事实也正是如此：她游学英伦，只用短短28天就写下近10万字的随笔。她坚持着阅读和记录，回味和反省自己的教育行为。这些，或许正是天赋的体现——虽然她不愿意用"天赋"来对此进行界定。

对孩子心存善意，多考虑孩子的感受，体察和同情他们的处境，努力维持他们对学科的兴趣，在与他们的相处中传达更多的温情。这些是她最看重的"教师品质"，而在这个"品质"的背后，是她对教育之美、儿童之美的执着迷恋。

蓝淑荣：永怀童心，始终不走寻常路

我对蓝淑荣老师了解不多，只知道她很优秀。这印象，主要是从她的博客得来。透过那些文字，总能身临其境地感受到她与孩子相处时的快乐：她跟孩子们一起搭着各种形状的积木，一起探究红薯怎么"生宝宝"，一起用黏泥捏出各种形状的小动物，一起把菜叶整理、捆扎，然后摆在幼儿园门口向"顾客"出售……

"我觉得作为一名幼儿教师，需要很多品质来支撑，如责任、童心、快乐、艺术、创新、忍耐……但是，最基本的态度，或者说做教师最大的天赋，应该是童心，只有永怀童心，才谈得上理解、尊重儿童，才能走进儿童的心灵世界。"她在博客中写道。

蓝老师的园长经常这样介绍她："幼儿园里的很多新玩法来源于蓝老师！比如在幼儿园挖水沟、建房子、爬树、打地道战、打水仗、雨中漫步、种菜、捉虫……"很多人将这些玩法视为创新，蓝淑荣却不这么认为。"这些游戏所有人都会玩，所有大人都玩过，而我则看重另一种品质——坚持，是的，就是坚持。这些游戏玩一

天可以，玩一次也容易，但十几年如一日这么坚持下来，需要什么样的意志来支撑呢？——坚持！"

教育是复杂的事情，教育是艰辛的旅程。坚持，应当成为所有教师最基本、最重要的品质。对幼儿教师而言，除了关心孩子的吃喝拉撒睡，还得兼顾幼儿的心理成长需要、家长的需求……而这些工作都需要较强的耐心和毅力。

"回首十几年走过的路，我发现，坚持并不是一种无奈，在这中间，也带给了我许多的快乐与成就，这种坚持让我发现自己原来还是非常适合当老师的！"回顾自己的教学生涯，蓝老师颇有感触。

蓝老师的适合，正是她不竭的童心：她以童心关注、欣赏着一个个生命的成长，她以童心引导他们关注身边的生命、珍惜每片叶子和每朵花儿，她以童心记录着孩子成长过程中的点点滴滴……孩子们因此都愿意揪着她的衣襟，跟在她后面，听她讲故事，看她变魔术……

英国散文家托马斯·卡莱尔说："发现自己天赋所在的人是幸运的，他不再需要其他的福佑。他有了自己命定的职业，也就有了一生的归宿；他找到自己的目标，并将执着地追寻这一目标，奋力向前。"

天赋，让你成为独特的教师

关于天赋，卢梭在《爱弥儿》中做过一个有趣的比喻：有两条狗，由同一个母亲所生，并在同一个地点接受同一个母亲的教育。

结果却完全不一样：一只聪明伶俐，另一只愚蠢呆笨。为什么会这样呢？卢梭认为：两条狗的天赋不同。

与之相对，裴斯泰洛齐有一则经典寓言：两匹小马，几乎一模一样。一匹被懒惰、愚蠢的庄稼人领回家喂养，另一匹则被聪明细心的主人收养。结果，被庄稼人收养的马，在尚未发育健全时就被榨干精力，早早地成了瘦骨嶙峋的驮马。而被聪明人收养的马，则在主人的精心喂养下茁壮成长，成了日行千里的骏马。

可以说，卢梭强调的是天赋，认为命运由天赋决定——是不是"天才"，生来注定；裴斯泰洛齐则强调的是教育的作用——能不能"成才"，要看后天接受了怎样的教育。虽然两位教育家要说的是教育的作用，但其实他们的理论也可用在教师身上，教育天赋对于教师成长而言，同样具有一定的意义。

有些人天生就是做教师的料。不过，这种"天生"既意味着先天的潜质和悟性，也隐含着后天的熏陶和影响，比如童年生活、家庭环境以及自己的受教育经历等。

美国著名民意调查机构盖洛普在最近几十年里，年年邀请最优秀的教育学家与心理学家进行研究和分析，旨在找出构成好教师的因素究竟是什么。他们有一个重要的结论：

> 所有伟大的老师都有很重要的共通点，他们大多尽情地发挥自己天赋并做到极致。……好老师能够了解自己的天赋，然后以这些天赋为基础建立自己的能力，因而变得更善于教导学生。

这样的人，我想应该并不多。更多的人是在成为教师后，在进入教育这个职场后，才渐渐学会怎样做教师，然后慢慢成长为优秀的教师。成长的过程，其实就是教育能力积累的过程。这种积累，既包括经验、学识、修养的提升，也包括内在潜能的发掘、自身天赋的发现。

爱，童心，耐心，细心，理解，尊重，真诚，开朗，敏感，激情，智慧，自我悦纳，怜爱与悲悯，友善的个性，高尚的品德，良好的想象力，交流的欲望，沟通的能力，实践的能力，对美的发现与感知及表达描述的能力……这些都是优秀教师所具备的品质。事实上，成为优秀教师的要素极少与技术层面的操练有关，更多地关乎教师的本能和本性，或者说它们不是后天的习得，而是天然的禀赋。

美国教育学者帕克·帕尔默说："任何真正可信的教学要求，最终是来自教师内心的呼唤。"翻检优秀教师的成长档案，梳理优秀教师的精神长相，不难发现，这所谓的"内心的呼唤"，其实正是教师对自身潜能和天赋的发现。

当一个教师对自己的潜能和天赋有所明了和肯定，那种源自生命的萌动和勃发，会让他感觉到强烈的喜悦和幸福。可以说，我们对自身教育天赋的任何发现，都将造成我们自身教育行为的改变——让我们成为独特的自己，让我们的教育成为更有激情和创造、更有人性的教育。

改变，从力所能及的小事开始

早年间，在"一加一教育网"，张文质先生随手贴出的两个短文，让我印象深刻。

一篇文章是《谁有勇气坚持这样的尝试？》。在文中，他对教师提出了10条要求或者说期望，都很简单，不妨罗列于后：

无论班级多大，每节课时目光一定要与每一个学生交会一次以上；

每周一定要表扬每个学生一次以上；

始终带着微笑进教室；

在校园里，无论见到哪个学生都能微笑注视或点头致意、问好；

每周都试着用学生意想不到的方式奖励（某个或更多）学生一次以上；

努力记住全校200个以上学生的名字；

即使要批评学生，也努力先从表扬与肯定开始；

每周至少听一节非自己任教学科的课；

每天至少写下200字以上记录、思考教育与人生的文字；

每个月至少读书一册。

认真读罢，颇有感触，于是我跟帖回复："都容易做到，但都很难坚持。没有足够的毅力，很难做到，尤其是要几十年如一日地做。但是我想，教育的意义，或许正在于这些点点滴滴的影响、改变和呈现。"

很多时候，教育容易被看成"大词"，让我们觉得宏大、空茫，手足无措。但是，更多的时候，教育其实是很日常、很生活、很琐碎的东西——小事，细节，具体的场景，微小的影响，缓慢的变化。微观，枝节，零碎，缭乱，简单而纷繁。有时觉得，认真做好这些简单的事情，就是在认真做教育。

很快，他又贴出了另一篇文章：《有一个林心明，也足够我们骄傲的了》，文章说的是他在泉州第二实验小学"看到和了解到的一些情况"：

学校门口的黑板上每天一条格言已经坚持十三年了。

每天升旗或早操前的一分钟学生演讲已经坚持十三年了。

学校五楼图书馆无人管理，自由借书自己还书已经坚持十三年了。

学校走廊和楼梯张挂学生美术作品已经坚持十三

年了。

学校每次主办校际以上教研活动，由于场地所限采取抽签方式选派学生参与，已经坚持十三年了。

学校推荐教师参加各种校际以上公开教学活动，采取自愿报名，现场赛课，评委票决的方式已经坚持十三年了。

学校对每届新生采取平衡抽签编班，任何人都不能选择班级已经坚持十三年了……

与前面他所倡导的10条一样，这些也很简单、日常，每所学校、每个校长，或许多多少少都曾经做过其中的一些事情，但能够一直坚持的却很少。我以为，"坚持"这个词语背后包含着的，至少应当有：信心、决心、勇气、毅力、执着、真诚……

林心明做到了。这个我不认识、不熟悉的校长，他长达13年的坚持让人感动。这样的坚持，见证着他对教育的理解、对教育的态度和追求。

这些年来，我越来越确信：教育是容易的，教育更多的时候是出自一种"本能"（包括本身的能力）。教育的功用，在于影响和改变，只要努力，只要不断坚持，影响总会有，改变总会发生。

当然，教育也是复杂而艰难的。教育的复杂在于：教育行为的接受者总是具体的个人，人上一百，形形色色，每个人的认识和理解、接受和变化都不一样。教育的艰难在于：改变总是来得缓慢，过程总是充满反复和曲折，回报总是显得遥远。

而这种复杂和艰难，或许正是教育的意义和价值所在。举手之间就能做到的事，哪里还需要专门的教师？哪里还需要我们的专业能力和专业素养?

在《忽然想到》一文里,我曾说——

> 本质的东西,往往通过细节体现和彰显。在很多大场面上,我们可以做作、修饰、打扮,但在一些随意的场合、平常的状态里,那些属于本质的东西,会不经意地泄露出来,表现出来。透过日常的小事,其实更容易见出一个人的实质和本质。所以,一个人要想有所成功,应该在大处着眼,从细节入手,特别关注自身的日常举止。

所以,在文质先生的第二篇文章后,我又回复了一句:"这让我确信,还有一种伟大,就是把平凡的事、许多人都能做到的小事,坚持做好。"

就像,我特别喜欢的美国诗人艾米莉·狄金森的那首小诗——

> 假如我能使一颗心免于哀伤
>
> 我就不虚此生
>
> 假如我能解除一个人的痛苦
>
> 或者平息一种酸辛
>
> 帮助一只昏迷的知更鸟
>
> 重新回到它的巢中
>
> 我就不虚此生

作为教师,普通而平常的一线教师,在宏大的教育叙事里,我们所能做的,或许都只是狄金森所说的这些琐碎小事:帮助迷途的鸟儿回到巢里,解除一个人的痛苦,或者更微弱些,只是"使一颗心免于哀伤"……

我们都是微不足道的小人物，也许，正适合做这样不足挂齿的小事情。无论如何，我们总还能够做一些事情，做我们愿意做的事情，做我们能够做的事情，从而使我们的教育有些微的影响和改变。

哪怕再细小、再琐碎，只要努力过，我们至少可以无愧于自己。

穿过"窄门"，才能走宽世界

跟年轻教师交流时，总会听到他们的牢骚和抱怨：工作重，收入低，状态不好，时常感觉身心俱疲，前途黯淡。还有一些教师总觉得领导对工作的安排不合理，安排重活、苦活、烦人的活不说，还格外挑剔。

这样的经历，我有过，所以理解。对任何学校来说，青年教师既是新生力量，也是中坚力量，要挑重担、扛大梁，苦累一些，很正常。但是，抱怨没有任何意义，行动才能改写命运。所以，我总是安慰并开解他们，这些都是成长的必然经历，这些体验都会成为生命的财富——如果我们能正确面对、坦然看待的话。

喝茶的人都知道，很多茶叶，需要经过沸水的浸泡和煎煮，才能释放出深蕴的清香。浮生若茶，我们的生命，也只有遭遇挫折和坎坷，才会散发出脉脉幽香。罗曼·罗兰说，痛苦是一把犁，它一面犁破了你的心，一面掘开了生命的新起源。人的一生，必须背负重担，经历挫折、挣扎、磨炼，才可能行走得更稳，行走得更远。

当然，行走总是艰难的。就像《马太福音》里说的："你们要进窄门。因为引到灭亡，那门是宽的，路是大的，进去的人也多；引到永生，那门是窄的，路是小的，找着的人也少。""宽门"是灭亡，"窄门"才是永生；大路走的人多，自然少有稀罕的风景，小路走的人少，却往往会有独特的发现。从这个意义上说，穿过"窄门"的痛苦，其实也是一种经验的积累，一种必要的经历和考验。

我们的教育生活，也是如此。一个教师的幸福，绝不会是躺在安乐椅上，坐等花开，静享其成；一个教师的成长，建立在其丰富、曲折，甚至充满艰辛、坎坷的教育教学经历中——教好一个"后进生"，会增加我们的教育经验；带好一个"后进班"，会丰富我们的教育智慧。在力所能及的范围内，多做一些事，做更多的事，做可能更麻烦、更艰难的事，既有助于我们教育阅历的增长，也有益于我们经验的拓展。

我到现在还记得，2012年12月，在"末日传说"的阴影里，我有感而发写下的这段话——

我并不相信玛雅人的"末日说"，但我相信，世界必定有"末日"，就像我们每个人都有自己的"末日"：我们的"末日"来临，其实就是自己世界的"末日"。反之亦然，如果不断行走，不断前进，我们就会发现，自己的世界在不断丰富、不断辽阔。

很多时候，我们以为世界只有一个，就是我们现在所"拥有"的这个，能够看到的和触及到的这个，我们熟悉甚至厌倦的这个。

但是，就像米兰·昆德拉说的那样，生活是一棵长满无限可能的树，世界对于我们，也充满无限可能。

童年时，我曾以为，自己生活的那个偏僻山村，就是全部的世界，世界的边缘，就是邻近的两三个乡场，或镇街；少年时到县城求学，我的世界，扩大到县城和周边的区域；后来考上大学，游学省城，我才发现，自己的世界，已经扩大到全省的范围；再后来，出了四川，南下北上，东奔西走，我才发现自己的世界，就是这庞大、辽阔的国家。2003年，因为一篇文章获奖，我被国务院新闻办组织到俄罗斯参观、访问、交流，那半个月行程的最大收获就是，"我的世界"的边际，得到了明显的延伸和扩张。

如果，我像其他童年小伙伴那样，只醉心于玩乐，我的世界，就将和父辈一样，只是那个小小的山村，低头黄土，抬头青天——如果满足于现状，苟且于既得，我们的世界，就只能是现在"拥有"的这些；如果不断努力，前进，我们就会有"拥有更多世界"的可能。

一位朋友的女儿，读初中时成绩非常糟糕，连高中都没有考上，但是后来，她通过努力考上了大学。进校后，她发现很多人都不爱学习，成天想着怎样更好玩，怎样过得更轻松，非常不解于父亲对她的严格要求。朋友告诉女儿："那些不用功的人，他们从今天就能看到明天和后天，因为他们的未来是命运既定的；而那些用功的人，他们的每一个今天，都在影响和改变着明天，他们的命运在自己手中，在自己的不断建设、创造和改变中。"女儿因此用功读书，后来，她考上了研究生，又读了博士，现在，她已成了年轻的历史学者。

人的所有努力和付出、奋斗和拼搏，其实就是为着一种可能——让自己的世界更美好、更丰富、更辽阔。教育，也是如此——教育是关乎生命的事业，生命的无限丰富，意味着教育的无限可能。所有的教育之道，所有的教育变革，不过就是通过"教育"，让潜在的"可能"变成现实的"能够"，从而让我们的生活和生命变得更加美好。

对教师而言，我们写下的文字其实也是另外一种行走，以文字为载体和工具的行走。我始终相信：声音能比我们的身体走得更远，灵魂能比我们的肉体飞得更高。认真反思自己的教育生活，坚持记录自己的教育思考，既能让我们的工作更有效率，也能让我们的生命更加丰富。

这些年来，我所写下的每一个字，都在不断拓展我的精神疆域。一个没有写作的教师，他的生活范围可能就是一个小小的学校、小小的区域。反过来，如果能够坚持写作，能够写得比较好的话，我们就会有广泛的读者，就会有广阔的精神疆界。当我在网络上，以"江湖一刀"的名义发布我的作品时，我赢得了全国各地很多的"刀迷"，我写的《幸福教师五项修炼——禅里的教育》《跟禅师学做教师》能够顺利出版，其实就与"刀迷"们的围观和鼓励有关。我最真切的感受是，写作能够让远方更加辽阔，写作也能够让远方不再遥远。

与此同时，阅读也是教师最重要的行走方式。坚持阅读，尽管不可能改变我们人生的长度，但是能够改变我们人生的宽度，能够拓宽我们生活的边界。

《海鸥乔纳森》是近来让我特别震撼的一本书——那只叫乔

纳森的水鸟，他不愿意像同伴那样，"只满足于简单地飞到岸边觅取食物"，并"想方设法延长寿命"；他认为，"海鸥天生就应该飞翔"。他沉醉于练习中，不断尝试着对海鸥来说几乎不可能的飞行。虽然他被鸥群视为异类，并被驱逐出境，但他始终没有放弃。对他来说，生命中最重要的事，就是执着于自己的最爱，并日臻完美，而他最爱的就是飞翔——更高、更快地飞翔。他在孤独中一遍遍练习，在经历了种种艰辛、考验之后，终于飞到了梦想的高度，见到了飞得更高的海鸥。

"我们是根据这个世界上学到的东西去选择另一个世界的。如果学不到什么，那么，另一个世界也会像这个世界一样，你会遇到同样的局限和困难。"那个叫苏利万的长者告诉他。

为了达到"尽善尽美"，乔纳森继续艰苦地练习，终于有一天，他真正地体会到了"尽善尽美、没有局限"的飞行——诚如作者所说，每个生命都有无数种可能，只有飞得越高，视野才会越广越远，才能发现自己心中真正的梦想、渴望与激情。

令人意外的是，乔纳森最终回到尘世，回到了自己被驱逐的地方，用爱和慈悲，去教导那些像他当初那样渴望飞翔却正被驱逐的海鸥。他是"天生的导师"，"他表示爱的唯一方式，就是把他所了解到的真理去告诉一只希望有机会亲自了解真理的海鸥"。

可以说，我们每个老师，都是"乔纳森"，我们练习过飞翔，现在正帮助那些渴望飞翔的"小海鸥"。为了让自己"更美好"，为了让他们"更美好"，我们完全可以把每次的艰苦都当成经验的积累，把每次的挫折都当成能量的汇聚——命运的严酷炽烈，能够锻造出坚毅的灵魂；不断行动和努力，能够让我们达到前所未有的高度，看到绝美的风光。

　　就像，只有努力穿过"窄门"，我们才能"走宽"自己的
世界。

我自在这里，做自己的事情

就像有些书值得一读再读，有些话值得一说再说，有些文字，也值得一写再写。尽管知道有人会不喜欢，但我相信，没多少人会为自己不喜欢的人而活。

曾经，我借鉴周国平《各自的朝圣路》的书名，仿出一句"各自的教育路"，并就此写了如下两段话：

> 所以有时，面对别人"你为什么不这样"或"那样"的问询或质疑时，我总是愿意说：我自在这里，做自己的事情——世界浩阔，教育宏大，每个人所能做的，必定是自己愿意做的、自己能够做的。做好这些，于职业，是应尽的本分，于自己，是应得的安慰。

> 尽本分，让自己不妄自尊大；得安慰，让自己不妄自菲薄。

当时，不过是夫子自道，聊以自慰和自勉，别无深意。现在想来，并非毫无意义。至少，当我说出，被别人看到，若能引发感触和回应，或给人安慰和鼓励，在"自勉"之外，这些文字，也顺便有了"勉人"的价值。就仿佛，你在"卡拉"的时候，肯定是为着"自娱"的，倘能"卡拉"得"OK"，也顺便就有了"娱人"的效果。

以我的理解，文字的意义，至少是两方面的：

一是对写作者。我愿意相信，那些基于自愿而写下的文字，必是写作者对世界的发现、思考和理解，对内心感受的宣泄、梳理和呈现。一个愿意用文字记录生活，表达内心的人，必是因为对文字的信赖和尊重。当他们把自己交付给情不自禁的"书写"时，其实就是在通过文字清洗和过滤自己。换句话说，对写作者而言，他们写下的每个文字，其实都有着"自给自足"的价值。他们或许也会期盼同道或知音，但在这一切出现前，书写本身已经给了他们足够的愉悦。文字发布后的影响和效果，不过是书写后产生的"附加值"。

二是对阅读者。在一个自由的时代，被迫阅读的事情，很难发生。就像每个人都在寻找"尺码相同的人"，每个人也都在寻找与自己"心率相近的频道"。在信息时代，这种寻找，肯定是基于主动和自觉。而在浮泛的当下，一个人愿意读某些文章，必是因为自己喜欢。一个人愿意持续读某个人的文字，必是因为自己热爱。在这样的阅读者面前，写作的价值，得到了充分体现；文字的意义，得到了更大发挥。我始终相信，一首歌的价值，在于被传唱；一篇文章，或一本书的价值，在于被阅读——在"被阅读"的过程中，写作者的劳动获得了阅读者的理解和认可，甚至获得了阅读者的参与和"再创造"。

但是显然，并非所有文字都有如此命运：好的文字，自有其独具的光芒，吸引着阅读者的眼睛和心灵；不好的文字，则可能会被阅读者拒绝、冷漠，甚至遗弃——这里的"命运"，和所谓的"好"，都是相对的概念。那些被现世遗弃的文字，也有在隔世被发现和发掘的，那光芒，必是独具穿透力的。

说得似乎有些远。我想表达的不过是"我自在这里"的第一层意思——我用我的方式，做着自己的事情：理解和感受，发现和思考，书写和表达……当我的书写完成，表达即告结束。我的文字有着怎样的命运，被赋予怎样的阅读和理解、引申和发挥，那不是我能操控的事，甚至，也不是我所愿意关心的事。

"我自在这里"的第二层意思，是对于教育。

从教之初，我一直没说过热爱教育。尽管也曾非常用心、投入，以求不误人子弟，但真正让我全心全力的，还是写作。文字，陪伴我在那个边地小城，度过了9年寂寞的时光。那9年里，文字带给我许多磨折，也带给我些微荣耀。一个醉心文字的人，在书写过程中所受的艰辛和所得的恩惠，可能都"不足为外人道"。我始终相信，被自己创造的部分文字，自有其意义和价值——时至今日，我依然沉迷于这样的"相信"。

我真正开始关注和思考教育，是在2006年。而我真正体会到这种关注和思考的意义，并以之作为内心的使命，是在2008年。从爱好回归职业，我所选择的，依然是文字的方式：无论是教育写作，还是教育演讲，早年的文字经历，是我的支撑，也是我的依凭。每个人对世界的发现，对生活的理解，自有其通道和途径，自有其点位和向度——这实在是不必强求统一，也不可能强求统一的。我所愿意做的、所能够做的，不过是从自己的体验和感受出发，表达我自己的发现和理解。

实际上，我对教育的发现和理解，并无什么高妙之处，甚至，我关于教育的所有文字，只不过是对常识的梳理、坚持和捍卫。倘要稍作"超越"，我想说，对今天的教育而言，也许并不需要多么深刻和独到，甚至也不需要那么多的思想和理论；如果我们真能尊重常识、坚守常识，教育的面貌，也许就会好上很多。而今天的教育，最大的问题并非思想、理论的匮乏，而是常识的坚守和缺位——这样的发现和理解，源自我自己的眼光和思考，也最终体现在我的行动和努力中。

教育肯定还应该有更重要、更高迈的使命，但以我的能力，或许无法企及。每个人都有自己的边界和局限，每个人只能做力所能及的事情。做好自己能做的、愿意做的，在有余暇和余力的情况下，再兼顾其他，这应该也是常识之一。

基于这样的理解，我敬重每一个真正敬畏生命、心怀使命并致力于改善教育的人，无论是自觉的阅读，还是自主的写作，无论是偶尔的善念，还是长期的坚持——我知道，相对于庞大的教育，每个个体的力量，都是单薄的，每个个体的能量，都是有限的；但是，只要有人愿意行动，就有影响和改善的可能。我更愿意亲近这样的同道，发现他们的美好，给他们以鼓励，或慰藉。

在我的那篇博文后面，有墨庸兄的回复。他先说到子虚的观点："我常在想，我来到这世界，与我没来这世界，这世界会有怎样的不同？是更糟糕了，还是更精彩了。"然后说："人们总是在

'面对'的时候，才更清楚地找到了自己！"

我很有感慨，想起了李开复曾说过，一个世界有你，一个世界没有你，让两者的不同最大，就是你一生的意义。这是我极喜欢的一句话。然后我回复道："是的，在我之外，还有很多人。这世界如此丰富，就因为还有'其他'。"对墨庸所说的"找到自己"，我又感叹说："真正的找到，何其难矣。所以，愿意努力地找。"

这，其实也是"我自在这里，做自己的事情"的应有之义。

做教师，可以更优雅

我执意相信，教育就是让人变得美好。美好的范围很广，内涵很多，"优雅"应为其一。除"知识授受"外，教育更重要的是"启迪智慧、点化或润泽生命"，其实质应是通过教育使人心灵丰沛，精神健硕，气质优雅。

教育要使人优雅，教育自身应当优雅；教育自身要优雅，教师首先应当优雅。这是浅显的道理。但是，每论及此，很多人都把问题归结到环境等外界因素。无可否认，外界的束缚的确让教师难以自由伸展，也让教师难以闲适从容。但我依然觉得，优雅其实是开在内心的花朵，源自灵魂的芳香。就像戴着镣铐也可起舞，在艰困的现实里，每个教师都可以通过心灵的修炼，让自己变得更加优雅，甚至高雅。

柔软：最优雅的心地

我曾感叹：我们在身边可以看到很多"优秀教师"，但是很难看到几个"好教师"——所谓的"好"，按我的理解，首先应该是神情温润、心怀柔软的。

这种"柔软"应当包括谦卑，善良，接纳，忍耐，悲悯，不执着，能包容，善妥协，能退让，这既是习性，也是情怀，更是精神。我们笑，我们哭，我们快乐，我们悲伤，我们幸福，我们痛苦，都是因为有一颗"柔软"的心。而作为教师，如果有这样的"柔软心"，就不容易固执、暴怒和狂躁，不容易莫名其妙地发火。如果有这样的"柔软心"，或许就能更接近学生的心灵，感觉到他们的体温和心跳，最终与他们"心心相印"。

这种柔软，看似脆弱，实则刚强。老子说"上善若水"，水的最大美德就是柔弱，如《道德经》所说："天下莫柔弱于水，而攻坚强者莫之能胜，以其无以易之。"印度诗人泰戈尔曾说："不是铁器的敲打，而是水的载歌载舞，使粗糙的石块变成了美丽的鹅卵石。"教育的"水"就是教师的柔情，是教师发自内心的"爱"。成熟的教育工作者就是那高明的水上舞者，在载歌载舞的优雅行进中使那些有棱角、有缺陷的鹅卵石渐臻完美。

宽容：最优雅的表情

长期以来，"严师出高徒""宽是害，严是爱"之类的观念让教师一直战战兢兢、如履薄冰，生怕担上"教不严，师之惰"的责任。所以，每当发现学生的某种状况，教师们总是牢牢揪住，把它"放大""做实"，防患于未然，消灭于萌芽。

实际的效果，却往往适得其反。不仅出状况的孩子、犯错误的孩子会习以为常，变得无所顾忌，软硬不吃，就是那些未犯错误的孩子也会觉得受到了伤害和羞辱。我们或可自我安慰将自己的行为美其名曰"爱的教育，严的管理"，可是，如果教育行为不能让学生从心底受到触动，又怎能起到教育的作用？这样的方法，又怎么算得上真正的教书育人？真正有效的教育，往往不是电闪雷鸣、疾风暴雨，而是和颜悦色、柔风细雨。疾风暴雨，只会让学生因一时的恐惧自我逃避；柔风细雨才能润物无声，浸入孩子心底，发挥长久功效。

慈悲为怀，宽容待人，这是教育的根本。教育面对的是未成年人，是成长和发展中的孩子，他们的是非观念正在形成，行为意识尚不稳定，出状况、犯错误再正常不过。而且，很多时候，他们并非有恃无恐、明知故犯，只是出于无知、好奇或天生的表现欲。偶尔的调皮，不用心学习，违反课堂纪律，跟同学争执或拉扯，根本没必要"上纲上线"，更没必要"一棍子打死"。

就此而言，没有宽容，就没有教育。我甚至觉得，对常人来说，宽容是美德，对教师来说，宽容则是基本素质。因为，容忍孩子调皮，他们才有机会创造；容忍孩子犯错，他们才有机会改正。作为教师，只有最大限度地宽容和善待学生，才能真正激发学生的自思自省，帮助他们自证自悟。事实证明，宽容也是教师内心自信、精神强大的体现；能够宽容或时常包容的教师，往往生活得更从容、更闲适，也更优雅。

鼓励：最优雅的语言

"被认可"是每个人内心的深层需要。这种认可，表现为肯定、鼓励和信任。每个人都是在肯定和鼓励中长大的。对成长中的学生来说，他们都是不同的个体，有差异，也有潜能，而且都处于发展和变化之中。所谓的优秀与否都只是暂时的，只代表着过去或现在，并不证明和决定未来。即便是那些成绩暂时不好的学生，只要我们多给一些鼓励、期待，多给一些信任的眼神、微笑，他们的潜力和智能或许就能得到更好的发挥和表现。

日本的一位幼儿园老师，在介绍本班孩子的美术作品时，特意举起一幅画，那幅画上除一些不规则的横竖线条外，什么都没有。但是她微笑着说："我数过了，这位小朋友的画中共有24种颜色，他是我们班使用颜色最多的小朋友。我为他在这方面先行一步而高兴！"在这位老师眼中，一幅看似一无是处的画，居然也能得到一顶"最"的桂冠，这样的发现和鼓励，一定会给那个小朋友带去极大的安慰和激励！

大量事实表明，鼓励式教育更容易培养学生的自信心和获得感。现实的状况是，欣赏、表扬好学生并不难，难的是肯定、鼓励"后进生"，而且"后进生"往往更需要鼓励和期许。

当学生失去自信的时候，当学生遇到困难的时候，当学生处于十字路口的时候，当学生感到彷徨的时候，教师一句关心的话语，一个赞扬的微笑，一道期许的目光，几行淡淡的文字，甚至抚一下头、拍一下肩、鼓一个掌……这些都会胜过千叮咛、万嘱咐，都可能对学生产生深远影响，甚至还会在他们心里产生神奇的力量，进而改变他们的命运。

守望：最优雅的姿势

生命的成长是缓慢的，教育也应当是缓慢的。教育的本质，就是守望；教育的秘诀，就是"三分教，七分等"，就像种下一盆鲜花，用心血浇灌，用生命等待，等待它们在时间中长大，枝繁叶茂，开出花朵。显然，等待的过程远比结果重要，就像生活的过程远比生命的结果重要一样。真要看花，到花店里看去，保管看够。但花店里的花，可能会给人美感，却无法给人"时间感"。人作为"时间之子"，最重要的或许就是这种"时间感"。

《麦田里的守望者》是美国作家塞林格的成名之作。小说的主人公霍尔顿是个16岁的中学生，他成天在校园游荡，不愿读书。他对学校里的一切——老师、同学、功课、球赛等，全都腻透了、烦透了。被学校开除后，他也丝毫不感到难受。最后，当他在街上晃荡了一天一夜后，他跟妹妹菲比诉说了自己的苦闷和理想："我只想当个麦田里的守望者。"

"麦田里的守望者"，这或许是对教师形象的最好诠释。教育需要等待，成长需要守望。守望，不是放任自流，也不是揠苗助长。守望，是一种严格的看护、一种智慧的等待。好教师，就应该是这样的"守望者"：哪怕是一株"野草"，他也会给它足够的时间生长，因为说不定它能开出让人惊喜的花来。每个孩子的成长都有一个过程，就像每朵花的开放都需要一定的时间，我们不能强求所有花都在春天开放，我们唯一能做的，就是给它们足够的时间。

所以，我愿意相信，等待是教师最重要的素养，守望是教师最美好、最优雅的姿势。

成长之路，始终向上

　　尽管我知道，以道路喻人生，就像以流水喻光阴，以鲜花喻美女，已滥俗无比。但换个角度想，滥俗，不正说明它们"认同度"高，"群众基础"好么？

　　如果认同"生命之路"这样的说法，那么，行走，就是人生的本质。从蹒跚学步，到雀跃前行；从孤身只影，到两相牵手；从健步如飞，到老态龙钟。人这一生，除开最初和最后的两小段光景，大半的时间，都在道路上跋涉，在行走中漫渡。所谓的"生命不息，战斗不止"，多半不靠谱，但"生命不息，行走不止"，绝对是事实。

　　走进校园，走入教室，走上讲台，走近学生内心——身为教师，我们也是以"行走"的姿势，置身教育之路的。踏上这条路，就意味着有风有雨，有阴有晴；踏上这条路，就意味着有坦途，也有坎坷，有艰难痛苦，也有美丽幸福。

这是漫长的路，占据了我们生命的大半时光。走上讲台时，满头青丝，雄姿英发；走下讲台时，两鬓斑白，老态龙钟。

这也是"自选"的路，当我们择定这样的方式和方向，就只能不断行走，去丈量和体验，去享受和承担。

我们都知道，教师成长，是只有起点、没有终点的道路。在不同场合，我曾多次谈到：每个教师都是道路上的行者，只要行走，就有远方，只有不断前行，你才知道自己究竟想要什么……现在我想说，教师成长，其实是一条不断向上的路——不只是向前，更是向上。

是的，向上。就像登泰山：从岱庙开始的8.2公里路程，近6000级台阶，既需要我们不断前行，也需要我们不断攀升。从万仙楼到中天门，从十八盘到升仙坊，再到南天门，时陡时缓的山路，既费力，又耗神，让人艰难，疲累。但登山的意义和价值，正在这艰难与疲累中——如果你真想领略泰山的精华，真要体验"山登绝顶我为峰"的感觉。

向上的路，都是艰难的。教师的成长，也是如此。

很多年前，我写过一则短文"引体向上"。"我们每个人的一生，都在做着这种运动……不断地引体，向上，再引体，再向上，使自己不断地强健，更强健。"显然，我说的是身体运动，但又不只是身体的运动。在叙写了作为体育项目的"引体向上"后，我说："学习，思考，这其实也是一种引体向上。所不同者，学习和思考所引领的，是我们的视野、境界。"

显然，这是一个隐喻，关于人生的隐喻，或者说，关于教师成长的隐喻。就像《海鸥乔纳森》那本书里提到的那只叫乔纳森的伟大海鸥——因为震撼和激动，我在多个场合，不止一次地谈到——他不断尝试着对海鸥来说几乎不可能的高度和速度，他在孤独中一遍遍练习，从"离水面不到半翅的高度"，到100英尺、1000英尺、2000英尺，甚至5000英尺；从时速50英里，到70英里、90英里、120英里，再到214英里，他不断超越着一个又一个极限，海鸥家族和他自己的极限。而在经历了种种艰辛、痛苦的考验之后，他终于飞到了梦想的高度，见到了飞得更高的海鸥——他在他们的引领和教导下，体验到了超越时空的局限，自由自在，"尽善尽美"的飞行。

这是典型的"向上之路"，是物质意义的，也是精神层面的——正如作者理查德·巴赫所说，每个生命都有无数种可能，只有飞得越高，视野才会越广、越远，才能发现自己心中真正的梦想、渴望与激情。

让我更有感触的是，乔纳森的"向上之路"，其实正是教师职业和生命成长的隐喻——他是"天生的导师"，他不断向上飞翔，正如我们的不断成长。"他表示爱的唯一方式，就是把他所了解到的真理，去告诉一只希望有机会亲自了解真理的海鸥。"

因此，他最终选择从天堂回到尘世，回到自己被驱逐的地方，用爱和慈悲，去教导那些像他当初那样渴望飞翔的海鸥。在不断"向上"的超越中，他变得优秀，并以更加优秀的姿势，更加强大的能量，去指引和帮助那些渴望"向上"的孩子——在这样的历程里，他的生命层次获得了提升。

这样的向上之路，其实也是每个教师的"朝圣之路"。

在电影、电视里，多次看到这样的画面和场景：一群群前往拉萨的朝圣者，以三步一个等身长度的磕头，去丈量、拥抱他们身下的道路。在雪域高原庄严、沉雄的背景里，他们黝黑的脸庞，刻着执着，他们沉稳的眼里，写着坚毅。而据说，每年从藏区各处，以这样的方式迈向拉萨的，多达数十万人。他们不断向前，向上，他们一路祈祷，期盼，一点点接近那神圣、高远的地方。他们，真正以身体在行走，在践履脚下的道路，那漫长而艰难的道路。

不只在西藏，这样的朝圣路，也在灵山，在麦加，在耶路撒冷，更在所有坚信者的心灵里——心灵，我更愿意理解为：心中有一个灵物。我们每个人心里，都应该有一处净土或圣地，庄严，肃穆，凛然不可侵犯。或者说，我们每个人心里，都应该有一条自己的朝圣之路：漫长，坎坷，崎岖，但在路的那一端，便是"神之所在"、"圣之所在"，找到它，灵魂才能安妥、恬静，生命才能圆满、丰盈。

读过周国平的《各自的朝圣路》，特别喜欢他说的"世上有多少个朝圣者，就有多少条朝圣路"。"各自的朝圣路"，其实就是每个人向未来行进的道路，就是每个教师的"成长之路"、"向上之路"。在这样的路上行走，我们体验道路的艰辛，也收获心灵的快乐，而艰辛和快乐，就是我们的追求和信仰，就像行走的过程，就是我们生命的本质和核心。

安妮宝贝说过，为某些只有自己才能感知的来自内心的召唤，我们走在路上，无法停息。这样永无止息的行走，构成了我们真实的生活——在这条无尽的路上，我们行走，却不寄望终点；我们匍匐，却不期求觐见；我们跋涉，只为着那可能的美景，只为着触摸那一程又一程风光。

我觉得，作为教师，应当始终有一种超越物质意义的信仰。这种信仰，并非皈依宗教，或信奉神灵，而是要为自己确立一个具有恒久意义的目标。这样的目标，不仅指向于自己的内心，也指向于教育的本质，指向于"真善美"、"信望爱"这样的普世价值。有这样的目标和情怀，才能让我们既有朝圣者的心态，虔诚而忠贞，又有向上者的意志，执着而坚韧。

这样的行走，或者说这样的情怀和目标，其实并不宏大、空茫，只需要我们在各自的路上，多一点关爱，多一点理解，多一点光亮，多一些积极的行动，多一些努力和用心。尽管这样的"多"，不过是鲁迅所说的"如一箭之入大海"，渺小，单薄，但如果每个人都尽到自己的心力，就一定会拥有源源不断、汹涌向上的能量。

我始终相信，每个人都是渴望向上的，渴望把自己的身体、思想和灵魂，引领到更高更远的地方。更高更远的地方，才会有更美的风景；更高更远的地方，也必有更美的风景。

保持对美好教育的向往

有关自己的教育生活、被教育和教育的经历，我曾写过许多文字，如《流水十八拍，或一个人的教育史》《一路匍匐，一路前进》《教育路上，激情行走》等。应该说，在这些文字里，我把自己的教育之路都交代得差不多了。但是现在再看这些文字，总觉得还是不够完整，而且不免有遗漏、忽略甚至回避的地方。重读那些文字，我依然想不明白，自己怎么就从一个农村孩子成了一个教师，成了一个关注、思考教育，以教育为"命业"的人。

最开始，我从来就没有过"热爱"或"献身"教育的志向。读书似乎只是"跳出农门、甩脱农皮"的"原始冲动"。读小学时，父亲跟我说"成龙上天，成蛇钻草"之类的俗语。那时候，对这个国家众多的农民孩子而言，要改变命运，可供选择的"道路"不外乎当兵和读书两条路。对我来说，因为身高的原因，当兵这一选项就已经被排除了，所以，读书成了我"别无选择"的选择。

那是20世纪70年代中期，我发蒙的学校建在川中丘陵深处一个偏僻的乡场上，当时叫公社小学，后来成了"戴帽初中"，再后来是中心小学，九年一贯制学校。我在那里度过了漫长的童年，然后是不谙世事的少年时期。读到小学高年级，似乎聪明些了，底子里却又是迷糊、懵懂的。现在想来，斑驳的记忆与讲台无关，与知识无关，记忆中更多的则是饥饿、寒冷与贫穷，冬天的冷、夏天的热，早晚在家与学校间的奔跑。那时的校园小而破旧，那时的课堂大而广阔。

初中毕业时，我有三种选择：考中专，三年后当工人，打钟吃饭，盖章拿钱；读中师，三年后当教师，不一定能够脱离农村，但好歹能脱农皮；上高中，再苦读三年，努力考大学。那时，中专最吃香，也最让所有农村孩子眼馋，可我成绩不冒尖，几乎没有"赌"的资格，老师鼓励我试试中师。但那一年，不知从哪里冒出来的临时政策，要求报考的男生身高不得低于1.45米，我以两厘米之差被拒之师范门外。最终，我只好灰溜溜读了高中——那所高中虽是省属重点（后来成了国重），但那时要通过高考，难度不亚于古之蜀道。我所在的那个公社，有很多比我年长的"师兄"，他在那里读了三年高中，也只是换得了一张文钱不值的毕业证，最终又灰头土脸地回来，继续祖祖辈辈在土里刨食的命运。

正因如此，高中一开始，我就读得百无聊赖，懒心无肠。但我却莫名地喜欢上了读书和写作，高一时我就开始逃课，去县城图书馆看书。我先是逃物理课、化学课，再是数学课、英语课，最后，连最喜欢的语文课也逃。一个学年下来，功课自然一塌糊涂。高一结束后，我选读文科，在分科考试中，连我最自信的语文，也只有

60分。而这分数，据说还有老师施舍的成分在。

差不多到高三，我才猛然醒悟，再这样下去，也许真的就只能拿一张文钱不值的毕业证了。那种面朝黄土背朝天的命运，我实在不能想象也无法接受。这时我才开始收回野心，用力于功课。也许我还不算太笨，经过努力，我的成绩一点点回升，从毕业考的全班30多名到预选的20多名，再到最后关键一考的第8名。三大步上篮，我居然"中了"，我被四川师范大学录取了，而且是我一直想读的中文系。就这样兜兜转转，我和教育又被牵系在了一起。初中时我因为矮了两厘米被拒绝，高考时却以几分优势"被选中"，教育于我，或许还真是命中注定吧。就像后来，我常跟老师们说的，我们每个人与教育其实都是婚姻关系。

不得不说，读书时遇到过一些比较"狠"的老师。小学四年级时，一个代课的老师曾用手指粗细的麻秆敲打我的脑袋，直到好些根麻秆被我的脑壳反弹得"柔肠寸断"。更大的打击来自高中。教数学的中年女教师长相柔和，课也上得不错。某次课上，我曾弱弱地向她请教，或许我的问题太简单，侮辱了她的智商，或许是她刚刚讲过，而我没有认真听课，总之，她突然间雷霆大怒，在教室里冲我大骂。因此我对数学厌憎不已，上每节数学课都像曼德拉那样"非暴力不合作"。高考时，我以44分的光荣成绩结束了伤心的数学学习史……

很多年后，我仍会一次次地回想这些场景，并不断追问自己：是不是因为这些经历，让我一直有因惧怕和憎恨而产生反抗的倾向和习惯？我不知道。我只是记得经历这些伤痛时我内心的恐惧感和耻辱感。而且我发现，很多对教育有着深切理解的专家、学者，几乎都有过类似的伤痛和耻辱；在学生时代，他们留给老师的印象，也大多是"后进生"或"问题生"。好像正是因为有那样的伤痛与经历，才让他们本能而自觉地意识到：好的教育应该有怎样的品质，好的教师应该有怎样的面相。

刚上讲台时，我对自己最大的期许就是不让学生觉得可怕、可恨，不让自己觉得可厌、可憎。现在想来，这样的期许既源自早年的经历和记忆，也发端于我对教育的直觉和本能。我觉得，教育就是简单的复杂。教育的简单在于，教育者和被教育者都是人，只要遵循人性的原则，教育就可以实现。教育的复杂是因为人性的复杂。每个生命都有自身的局限和边界，每个学生的发育有先有后，反应和接受、理解和认识有快有慢。这就意味着，教育不是简单的知识授受，而是要正确地应对纷繁复杂的个体。教师最基本的，或许也是最高的规范，应该是人性，基于人性，依凭人性。

工作两年后，我"升级"成了父亲，教育孩子的过程，既让我领悟到做父亲的快乐和艰辛，也让我体验到教育的价值和意义。看到那样小小的孩子一点点长大，一点点感受和体验他的生活，一点点明白和亲近这个世界，一点点发现和创造属于自己的惊喜和快乐，既觉得安慰，也觉得欣喜。所谓教育，不就是这样一个体验、发现、创造的过程吗？所谓教育，不就是以这样的方式陪伴孩子的生命吗？

因为上述的经验和感受，当我在与张文质老师交流的过程中听到他说"教育是慢的艺术"时，立即将他引为同道，我也成了"生命化教育"的追随者和践行者。那时，我已离开教育一线，到了教师进修学校，做起了与"教师教育"有关的工作。如果说，此前的教育实践更多源于直觉和本能，那么在这之后的观察、发现、阅读和思考，则让我对教育有了更为清晰、理性、丰富的认知。这种变化的最终结果是，我完成了从写作爱好者到教育思考者的"转型"。社会的转型总是被动的，伴随着艰辛和阵痛，我的转型，则更多的是主动迎接，因此便伴随着生命的自觉和愉悦。我也由此相信，只有真正喜欢（不一定热爱，但至少不能厌恶）本职工作的人，只有能够在自己的职业中获得快乐的人，才可能有幸福的感受、幸福的人生。

传统的教师教育工作总被说成"教师培训"，但我更愿意理解成"教师研修"。奥地利籍语言学家列奥·施皮泽有一个观点："词语的变化就是文化的变化和灵魂的变化。"从"培训"到"研修"，并非是更换词语的文字游戏，而是意味着本质的改变。培训往往是被动的，研修更多是主动的；培训更强调要求，研修更强调自发；培训更强调外在，研修更强调内化。再好的观念、理论，如果不能被对象主动地接受、理解、消化、运用，它都只是思想、只是理论，而不可能产生真正的意义和实际的效用。所以，当我们以研修代替培训时，就意味着我们更强调积极、主动的教师文化，更追求教师专业发展的自觉和内化。这种变化，似乎更切合"进德修业"的意味。

基于自己的经验和感受，我意识到，教师成长应当包括精神成长（精神发育）和专业成长（专业发展）两方面，其中，精神成长（或者说生命成长）更为重要。教师首先是人，然后才是教师，所以必须首先关注教师个体生命的成长、个体精神的发育。我始终相信，优秀的教师不是靠培训产生的，正如优秀的作家不是靠学校教出来的一样。只有当一个教师"意识"到成长是内在的需要时，他才可能自发地行动，不断地超越。当一个教师真正有所醒悟和发现时，那种源自生命的萌动和勃发，会让他感觉到强烈的生命喜悦，他将会感觉到职业带给他的幸福。为了更好地实践这样的理念，我在区域内外通过建教育论坛、办教师团队、搞主题研修、做专题讲座等方式，不断鼓励和激发我所能接触到的教师，影响和改变与我亲近的教师。也许我的力量还很单薄，但是我相信，做力所能及的事，每个人都能办到。而且，只要我们愿意努力去做，影响和改变就一定会发生。

很多年前，我第一次到草原时，面对那广阔无垠的风景，我写了一组诗歌。其中一首有这样的句子："对美保持不败的向往，这是人类/最后一次机会。很多人因此告别家乡/像我一样，把灵魂放逐在/无边无垠的草原上。像我一样/他们的掌心，刻满情人的名字和远方。"此时此刻，默诵着这些诗句，回想当时的场景，我的内心依然有丰沛的感触：那样广阔的草原，那样茂盛的青草，那样蓝的天、白的云，"银子一样流动的羊群"，那样幻美的风景，自由、辽阔、充满迷人的生命气息。那不正是"教育田野"的美好象征吗？而教师，就是"牧羊人"，是学生的守望者、看护者；他引领着他们，寻找更为丰盛的水草，寻找更为美好的地方。在教师的心底，对美始终"保持不败的向往"。我希望自己也能这样，为更加美好的教育一直努力。

学会接受教育的遗憾

完美，是很多人都期望达到的境界。人的天性，不仅希望美好，而且期求完满，即所谓的"美满"。但是，据心理学家研究，过分追求美满，凡事不达完美则不罢休，会对人的身心造成很大伤害。心理学上有"完美主义者"这样的定义，其主要症状为：对人对事，标准都定得很高，并且以这样的标准，要求乃至强迫自己或他人达到。

有则故事是说某个人一直在找寻着什么，当他70岁时还在找寻。他说："我要找一个完美的女人做太太。"有人问他："七十年过了，你什么时候才能定下来？"他说："我能怎么样呢？没有一个完美的太太，怎么会快乐呢？"那个人又问他："但是你找了这么久，难道就没有找到一个吗？"他说："是的，有一次我的确找到了一个完美的女人。""那你怎么不跟她结婚？"他伤心地说："因为她也在找寻一个完美的先生！"

这故事或许夸张，但这样的完美主义者却时常可见：一方面，他们对自己要求严谨，自施压力，因而时常感到挫败，闷闷不乐。另一方面，他们对身边的人要求严苛，总是挑剔、抱怨不满、指责，甚至到了"鸡蛋里面挑骨头"的程度。因此，他们经常弄得大家苦不堪言，不胜重负，就连他们自己，也时常感觉生活不如意，他人即地狱。

更可怕的是，很多老师也以这样的心态去看待学生。学生考试成绩达到98分了，他仍要追究为什么不是100分；写评语时，他列举优点后总要再说一两个缺点；跟家长交流，他先是夸奖孩子，然后再说这点、那点不够好，还要改进，仿佛改了就是完美。但孩子是未成年的、未成熟的，他们的身心尚且是不完整的，又怎么可能做到完美呢？

拥有这样的完美心态，他们很容易对学生沮丧、失望，甚至暴躁、绝望。一点很小的问题，可能被放大到非常可怕的状况，一些偶尔的错误，也可能被当成"预言"未来的征兆。

有这样三个孩子：第一个孩子4岁才会说话，7岁才会写字，老师对他的评语是"反应迟钝，思维不合逻辑，满脑子不切实际的幻想"，最终这个孩子被学校退了学。第二个孩子曾被父亲抱怨是白痴，在众人眼里也是毫无前途的学生。他考了三次艺术学院，都以失败告终。他的叔叔曾绝望地说："孺子不可教也！"第三个孩子经常遭到父亲斥责："你放着正经事不干，整天只管打猎、捉耗子，将来怎么办？"所有老师都认为他资质平庸，难成大事。

这三个孩子分别是爱因斯坦、罗丹和达尔文。

这样的反转，显然是令人吃惊的。但是，对学生随意下"断语"的老师大有人在。回想教育路上，当年那些被我们"预言"不成器的学生，虽然尚未有非常著名的，但活得滋润、幸福的，事业小有成就的，多得甚至要让我们懊悔曾经的"预言"。

我非常喜欢米兰·昆德拉的一句话："生活是一棵长满各种可能的树。"其实，孩子也是如此。正是因为孩子是不完整的，所以才有完整的可能；正是因为孩子是不完美的，所以才有走向完美的可能。每个成长中的生命都有无限多的"可能"，问题只在于，我们以什么样的心态去面对他们，以什么样的方式去引领他们，让他们把潜在的变成显在的，把可能的变成现实的。

就我们教师而言，谁又能说自己就是完美的呢？

我曾参与过一些老师的公开课。课前所有的准备似乎都可以用"磨"来概括：反复地备课、说课、讲课，反复地增删、修改、调整，再反复地演练、评说、提高，把一堂课"打磨"得非常光鲜、非常完美。尽管这样，课上下来，依然有这样那样的不足，或大或小的缺陷，总之就是不完美。上课的老师因此感觉惶恐，满心不安。遇上有评课的人，更会在指明优点后，来一个"但是"的转折，列举几个缺点或缺憾。

其实，在很大程度上，课堂教学就像舞台艺术，而舞台艺术是在线性的时间里一次性完成的，所以注定会充满遗憾。它不像绘画或雕塑，可以反复修改、琢饰，最后再呈现最满意的结果。所以，有人说，舞台艺术就是充满遗憾的艺术——这既是它的缺陷，也是它充满魅力的地方。正因为有这次的不完美，才会有下次更完美的追求和期待。

真正的教学，总是充满遗憾、永远也不可能完美的，真正的教育也是如此。我曾经说过，完美是"完美的陷阱"。我也曾说过，教育最大的麻烦和困境在于：我们并不知道自己对孩子所做的一切，究竟是真正的爱还是真正的害。我们甚至可能时常出错，在面对学生时，无论是态度还是方法，我们都可能出格。而往往正是这样的出错和出格，让我们知道了自己不够好，还需要进步、需要成长，从而让我们有了走向完美的可能。

生命的意义，其实就是从不完整开始，去努力追求完整；从不完美开始，去努力追求完美。不是为着那个"目的"，而是为着这个"过程"，为着这个过程中的奋斗、拼搏，为着过程中丰富多样的经历和体验，这才是最美好的。就像奥林匹克口号"更快、更高、更强"一样，倘若换成"最快、最高、最强"，感觉是不是一下子就变了呢？所以，无论是对教育，还是对人生，我更赞同"做更好的自己"，对所谓的"做最好的自己"，始终保持敬畏和警惕。

教育，永远都只有"更好"，而没有"最好"。教育的意义就是让我们"走在通往完美的路上"，而不是掉进"完美"的陷阱里。

教育虽不易，总有可为处

很少有人能活一个世纪，但有不少人，会幸运地"跨世纪"。像我这样的"60后"，就是幸运的后者。而在这新世纪里，又已经跨过了20年，虽然一直干着"老本行"，但渐增的年齿，"转型"后的教研员身份，让我对教育的关注和观察，理解和思考，都有了很大不同。

20年来，我一直以自己的方式言说教育，或写文章，或作演讲，以此来表达我对教育的理解和思考。现在我想记下，这20年里，不同时间，不同场合，面向不同群体，我对教育所作的"造句练习"——经由不断的重复和反复，它们成了我对教育的"碎碎念"。

爱心和热情依然是最重要的

这是多年前，我给一家报纸的"应景约稿"的题目。当时，新世纪将跨未跨，编辑说要眺望未来的教育，让我设想一下新世纪里如何做教师。

我向来保守，言语犀利，但态度温和。对教育的思考和想象，也是如此。尽管我知道，在新的世纪里，随着社会进步和科技发展，教育必定会有新的样貌，比如，新的教学技术、手段、方法，乃至观念、内容、模式，都会给教育者和受教育者，带来新的挑战和冲击，但是我想，万变不离其宗，教育最根本的东西，始终不会改变。

比如说，教育的最终目的，依然是为着学生的生命成长，为着未来的社会发展。而要达此目的，教育的根本任务，应该是培养学生的智慧、人格、灵魂，培养他们独立思考、大胆创新的能力，而非仅仅局限于既有知识的传递和掌握；教师所面对的，依然会是一批批活生生的、有血肉、有情感、有思想的学生，依然会是一张张年轻的脸，一双双童稚的眼睛，一颗颗柔嫩的心灵。

基于这样的理解，我说："没有什么问题，能比满怀爱心和热情地去面对他们更为重要。"

很多人或许会以为，这不过是一句"正确的废话"，但即便在20年后的今天，这句话也并非全然的"废话"。所以，我曾经有感而发："我所希望的21世纪的中国教育，应当让教育者更多一些主动和创造，教育者对受教育者，更多一份爱心、耐心和热情。无论什么时候，无论怎样的教学手段和目的，只要教育的宗旨不变，爱心、耐心和热情，都是至关重要的。"

看起来，还是"正确的废话"，但我以为，这其实就是教育的常识。只是很遗憾，"常识不常"，而对于常识，我们"常常不识"，因此在常识面前，我们得分不高，甚至丢分严重。

正因如此，我依然坚信"废话不废"，就像我坚信，常识要"常说常新"。

努力营造局部的春天

2006年夏天，我写过一篇短文，叫《努力营造局部的春天》，在《中国教师报》发表后，反响并不大。次年夏天，在组建教师团队"知行社"时，我拟写的"宣言"里，有一句"我们不能扭转季节，但可以营造局部的春天"；经过十年的延续和拓展，随着团队的影响和推广，"营造局部的春天"这一说法不胫而走，为很多老师喜爱并化用。

这句话，其实受启于张思明老师。接受《中国教师报》采访时，他曾说："教师、学校、教育行政部门都要在自己力所能及的范围内营造一个局部的晴天。"这说法，与我一直以来的想法不谋而合，感触之余，略作改动，成了"营造局部的春天"。

在我看来，"春天"比"晴天"更有诗意，也更合教育的"语境"。"晴天"、"阴天"之类的词，偏重短时间内的气象变幻，倘用于教育，未免功利，肤浅。而"春天"、"秋天"这一类词，时间跨度相对较长，也更切近教育本身的优雅、缓慢、从容。

更重要的是，"春天"这个词语，无论本义，还是比喻、象征，都与教育更密切，也更贴切。尽管"教育的春天"我们常常听到，却常常觉得遥遥无期，但"春天般的教育"，通过我们的努力就能达到和实现。

事实上，"局部的春天"所强调的，就是教师个体的自主觉醒，自发行动，自觉努力。

在宏观或中观层面，我们固然要关注教师群体的状态和行为，规范和准则，精神和风貌。但教育的真正发生，总是具体而微的，总是体现为一个个人，一堂堂课，一间间教室，一次次交流和对话、互动和生成，甚至一次批评，一次谈心……

很多时候，我对群体的行为和效应，宏大的言辞和叙述，都持警惕的态度。所以，观察和思考教育时，我更注重个体的行动和力量，更关注局部的风景和细节。

就像在《跟禅师学做教师》一书里我所说的："作为教师，我始终相信，无论外界多么严寒，只要你愿意，走进教室，登上讲台，就一定能够为班里的学生'营造局部的春天'。"

这样的春天越多，教育的面目和气象就会越好，最终，甚至可能影响和改变教育的季节。

想得美，才能活得美

2004或2005年，读朱永新先生《我的教育理想》后，我颇有感触，信手写了一篇短文《我的教育梦想》。开篇我就说："专家可以说教育理想，他们有'理'在握，我没有，但我有梦。所以不妨说说我的教育梦想。"

从学校规模到教师队伍，从校园环境到学校发展，从办学条件到经费保障……我用诗意而平和的语言，大致描绘出了我心中理想的教育，理想的学校。

办学规模要小，精致而特别；每个班的学生，最好不超过30人；学校不要太多的"婆婆"，不一定要有多大的名气，但一定要有自己的特色；除工资外，老师应当有较好的福利，让他们能够体面地生活，并以做教师为荣耀……诸如此类的话语，无论当时还是现在看，都像"痴人说梦"。

　　但在博客发布后，居然引起很多老师围观、评议和共鸣。有人说，真有这样的学校，会第一个应聘。还有人说，哪怕做校工，都可以。

　　不过，也有一个老师，只留下三个字："想得美！"然后他就离开了。

　　那时刚开通博客，互动热情高，所有留言，我都一一回复。就是在回复这位老师时，我"创造"了一个后来深受老师们喜欢的句子："想得美，才能活得美。"

　　当时不过随口一句，后来却越想越有意思：一个人，倘若想都想不美，又怎么可能活得美？就像那个著名的"套中人"别里科夫，成天带着晦暗的想法，怀着惧怕的心思，日子自然过得紧张无比，而他最终的糟糕结局，也实在是咎由自取，怨不得他人。

　　我一直觉得，教育的根本目的，就是让人通过"教育"变得美好，变得更加美好。而要实现这样的目的，教师自己首先要变得美好，变得更加美好——教育，就是给学生提供美好的"可能"；教师，就是给学生提供美好的"范本"。

　　也许，这很难很难，但至少，我们可以从"想得美"开始，从每天早晨上班时，美美的形象和念想开始——毕竟，想得美，才能活得美，想得美，也就可能活得美。正如我在《美好教育的可能》

一文里所说的："心怀美好，就能发现美好、创造美好。"

我们也许还不优秀，但正走在通往优秀的路上

2007年3月，我在区内组建了教师团队"知行社"。

次年春天，我们编印了首本年度作品选《正在上路》。扉页正面，当然有书名和编委，背面固然可以"留白"，但我总不忍心浪费那么白的纸，于是草拟了后来被称为"知行社纲领"的内容，包括社训、宗旨、宣言、誓词之类。

"宣言"虽然后来有改动，有不同版本流出，但其中两句，是我最得意，也一直没改过的。一句是前面说到的"我们不能扭转季节，但可以营造局部的春天"，另一句是"我们也许还不优秀，但正走在通往优秀的路上"。

很多老师喜欢这两句，他们说，每每想起，既觉得安慰，又感到振奋，同时让人对教育有美好的想法，对未来有美好的期许——这，正是我期望达到的效果。

尽管"优秀"一词语义有些含混，不同的人，会有不同的标准和解读，会有不同的取向和努力，正如我说过的"各有各的脚，自然各有各的路"，但是，让自己变得优秀，变得更优秀，却是每个"还不优秀"者，都应当有的心态和姿态。

所以，这话前半句，我所表达的是事实，是"还不优秀"的现状。每个人的发展和进步，总是从改变现状和现实开始的。承认"还不优秀"者，比起那些满足于现实、沉醉于现状的人，往往有更多改变的可能，更多发展和进步的可能。

我最喜欢的是后半句，"但"字后面的转折意味。"走在……的路上"这一句式，并不新鲜，但"通往优秀"四字加入后，既表明了方向和方法，也暗含着信心和决心。"正走在"，既意味着"路"的漫长，也意味着还需要不断地"走"。

尤其是"正"字，任何时候，都算是"正走在"——优秀，不只有"方向"的不同，也还有"程度"的差异。再优秀的人，都有提升的空间、改进的可能，因为，在我们前面，总还有更优秀的人，所谓的"山外有山，人外有人"。

就此而言，教师成长既是一条"向上之路"，也是一条"无尽之路"：只有开始，没有结束。就像于漪老师所说的："一辈子做教师，一辈子学做教师。"

彼此陪伴，相互成全

最先想到这句话，是我在跟老师们讲课时。我在进修校的工作，很多时候都被视作"培训教师"。但我不太喜欢"培训"二字，我更愿意说交流、分享——并非故作谦虚，而是自己觉得，除本学科外，我能"培训"的，实在不多，与其说是"培训"，不如说是"陪伴"。

在我看来，这种陪伴，是双向的，而非单向的——我陪伴着老师们的时候，老师们也在陪伴着我。就是这样的彼此陪伴，彼此交流和分享，让我们都有了收获和进步。甚至可以说，这样的"彼此陪伴"，本身就是一种"相互成全"。

比如说，我的交流和分享，必定是跟台下或面前的老师，如果没有他们的存在，我就没有多少想表达的欲望。所以我时常觉得，首先是老师们成全了我，给了我交流和分享的机会。倘若我所交流和分享的东西，能让老师们有共鸣和收获，那么，这场交流和分享也便有了意义。

后来细想，用这八个字描述我所理解的师生关系，再恰切不过。

很多人或许会认为，老师以自己的辛勤努力和无私奉献，发展了学生，成全了学生，很伟大，很荣耀；但我觉得，在这之前，其实是学生先成全了老师——学校之所以叫"学校"，就因为它是为学生而存在的，学生是学校天然的主人。学校需要老师，是因为有学生的存在。道理很简单：如果一所学校没有学生，或者招不到学生，肯定也就不会需要老师。

可以说，是学生首先成全了我们当老师的梦想，是学生给了我们当教师的机会。

陪伴从来就不是单向的：我们在陪伴孩子的时候，孩子也在陪伴着我们，用他们的天真可爱、聪明顽皮，陪伴着我们的职业生涯。我们在参与他们的成长时，他们也在见证着我们的进步和发展。

没有人是天生的老师，每个教师，都是在跟学生的交往互动中，甚至，在跟学生的"斗智斗勇"中，才慢慢学会当老师的。

所以我愿意相信：彼此陪伴，相互成全，这既是最好的师生关系，也是真正的教育之道。

教育虽不易，总有可为处

2017年暑期，朋友叶欣在合肥做了一个培训活动，名字起得比较大，叫"突围中国教育·创新八人论坛"，我应邀参加讲座。做策划方案时，叶欣说，她特别喜欢我为"教育行走"所题的"行走拓宽世界，读写重建心灵"那句话，要我为她的论坛也想一个有意思的"主题句"，我信手敲给她一句话："教育虽不易，总有可为处。"

现在看，与其说是"信手"，不如说是"信口"——不是信口开河，而是脱口而出。多年来与文字打交道，我有一种感觉：那些经过深思熟虑的表述，或许更显得周详缜密；但是，那些不假思索、脱口而出的话语，或许更见机趣，也更有意趣。就像人与人交往的"第一印象"，每个人的思考和表达，可能也存在"第一感觉"。

我当然知道，所有的信手拈来、举重若轻背后，都隐含着长期的积累和反复的操练。这句看似随意的话语背后，其实也包含着我长期以来对教育的理解和判断。

我曾经说，自己是一个"悲观的理想主义者"。尽管近30年的从教经历，让我深切感觉到做好教育不易，但是，因为有对人性向善的理解，有对未来"可能美好"的期冀，所以我始终对教育心怀热望，充满理想。

我也很清楚，理想只有在现实中才能实现，而在现实与理想之间，还有漫长的路要走，还有纷繁的事要做，所以，我既是"悲观的理想主义者"，也是"积极的行动主义者"，毕竟，只有行动，不断的行动，才可能让梦想成真。

事实上，尽管实现理想有种种艰难和不易，但是，再困难的问题，也不可能是铁板一块，就像，再严苛的规则，也存在转圜的余地，或者像我说过的，"总有空间让我们见缝插针"——只要愿意，我们总能有所作为，甚至大有可为。

如果我们都能"日拱一卒"，从自己能做的事情开始，从能够改变的地方开始，我们或许就能"改变潮水的方向"，就像，通过个体的成长，我们或许就能改变教育的模样。

以上这些，并非全部的记录，还有许多尚未被写出，也还有许多尚未被说出——事实上，当我说教育仿佛成了"自己的信仰"，教育生活也几乎就成了我的全部生活，所思所想，所写所言，莫不牵系于此，纠缠于此。正如这些被我称作"碎碎念"的文字。

写到这里我才发现，"碎碎念"是闽南语，指一个人老是说些琐碎、无意义的事，类似"唠叨""嘀咕""嘟囔"，是贬义词——但我无端喜欢这三个字："碎碎念"毕竟也是一种"念"吧，是念叨，也是念想。一直坚持"碎碎念"，多少也意味着一种坚定和执着吧。

教育也好，人生也罢，对我们而言，都可算作一次旅程，而漫漫长路，最能让我们保持热情和勇敢的，莫过于让"初心"变成"衷心"，把"初念"变成"执念"——而我一直如此执拗地"碎碎念"，是因为我始终相信："念念不忘，必有回响。"

砺炼——

做有学习力的教师

慢慢学会对自己的成长负责

我曾在拜访某所学校时看到这样一句话："让我们慢慢学会对自己的成长负责。"我非常喜欢这句话，过目不忘，一直刻在心底。这句话让我想到了自己一直在研究思考的教师专业发展问题，颇有感触。

虽然我一直觉得以年代为界限划分一代人或许不够科学，但是每个人的生命，都必然带着特定的成长背景和时代烙印，带着鲜明的社会变革的痕迹。就拿"80后"、"90后"后教师来说，他们出生于特定的历史时代，生长于特定的社会环境，背负着特别的家庭背景。登台亮相时，他们就曾广为世人所关注、担忧和焦虑。

现在，他们一部分成了教师，承担起了教育下一代的重任。他们现在是教育的主力军，他们的专业水平，意味着教育的水平，他们的专业状况，影响甚至决定着未来教育的状况。

每代人都会有每代人的贡献和局限，每代人都会有每代人的光荣和艰辛，每代人都会有每代人的快乐和痛苦。"80后"、"90后"群体要面临"4＋2＋1"的家庭结构带来的压力，人口流动带来的异地就业和异地成家，越来越高的房价和生活成本等。焦虑感、无力感、挫败感、茫然感是他们普遍的心理状态……这些既是这个时代的教师在成长过程中特有的问题，也是教育研究者和教师教育工作者难以忽视的问题。

人的一生，说长不长，说短不短。在杜甫的时代，"人生七十古来稀"。在今天，七八十岁也是"稀"，不过，是"稀松平常"的"稀"。从生理角度看，在这样的时间长度里，身体的生长与发育只不过占据了20多年时光，但在精神层面，我们是一直处在不断变动中，不断被影响，不断被改变，不断地前进。换句话说，我们的心理和精神，始终处在不断发育和生长中，就像蛇一样，终其一生都在不断地蜕皮、新生、成长。

我之前看过一则与蛇有关的寓言，里面说人原本是会脱皮的，而且还因此可以活得比现在更长久，但人熬不住蜕皮时那惨烈的痛苦，于是就在上帝的默许下，把这项技艺转给了蛇。蛇会冬眠，有了蜕皮的本领后，又能在春天醒来时化腐朽为神奇。从此以后，人的面孔便会随着岁月流逝而变粗糙，生出斑痕、皱纹，而蛇的容颜却能够因一次次蜕皮而光洁常在、光鲜永驻。

这故事，既可以说它表达的是成长的艰难，就像蛇蜕皮一样；也可以说它表达的是成长的美丽，就像蛇蜕皮后那样。

成长是艰难的，因为要付出代价，但正是成长的痛苦，换来了成长的美丽。

林肯说过，一个人过了四十岁就该对自己的长相负责。我原本以为，容貌、声音、身体都像发肤一样，是"受之父母"，是先天的。没想到长相原来是处于不断成长中的，它会随生命的走向而改变。民间有"夫妻相"这一说法，说的是相貌原本相去甚远的两个人，因为婚后的朝夕相处，耳鬓厮磨，会越长越像。久而久之，别人一看就知道那是夫妻俩。据说，这是夫妻双方相互影响的结果。

其实，林肯的话更多的是在强调人的精神长相。教师的专业成长，从某种意义上说，它所关注的就是教师的精神长相，所以我们每个人都应当慢慢学会对自己的成长负责。作为教师，尤其是刚开始职业生涯不久的青年教师，我想说的是：

第一，我们都得成长，并且是不断成长。教育是面向学生、面向未来的事情。学生在不断成长，未来永远不可确定，因此教育也就是无穷无尽的，是永不落幕的朝霞，我们需要不断成长。哪怕是再优秀的教师，再"特"的特级，再"高"的高级，都需要进一步学习和提升，尤其是在变动频仍、日新月异的今天。身体也许有成熟的标志，但精神和灵魂永远没有刻度，也无法量化。思想的成长，以及由此而来的苦痛、彷徨、折磨，将始终伴随着我们。

第二，成长是缓慢而艰辛的。我们常说，小孩子是花朵。其实，小孩子更像一棵树，有自己的根系和成长，这样的生长与发育，是缓慢而优雅的。张文质先生说过，教育是慢的艺术，无论是学生的教育，还是教师的教育，莫不如此。因此，教师的成长也应该是缓慢的，不能寄希望于一口饭，也不能寄希望于一个馒头。每天比昨天有点收获，每天比昨天有点进步，哪怕像蜗牛一样前进，但只要我们在"动"，就会有改变，就会有成长。

第三，我们得学会对自己的成长负责。师范的最本质意蕴就是

"以师为范"，所谓"学高为师，身正为范"。张文质等人提倡的生命化教育，强调教育的本质是一种"范本教育"。教师是孩子的范本，是学生精神成长的重要影响者。教师的动作、脸上的表情、板书的风格、待人接物的姿态，都将会影响到孩子。所以，我们所能教给学生的，其实就是我们自己，也只有我们自己。我们的视野决定着学生的视野，我们的状态感染着学生的状态，我们的思想影响着学生的思想。既然我们能教给学生的只有我们自己，我们就应该学会对自己的成长负责，让自己成长得更为优秀。

甚至可以说：你如果希望自己拥有最出色的学生，就一定要努力成为最出色的教师。

在吴非老师的书里，有这样一则故事：一位中国留学生在美国读博士，期间生活艰苦，学习紧张，每天都很疲劳。在他的同学中，有位来自非洲的同学，同样过着艰苦的学习生活。但是这位非洲同学告诉他："你知道吗？我每天早晨起来都有一件让我感到高兴的事——我有一位伟大的老师。"因为有一位伟大的老师，因为每天能见到这位伟大的老师，也因为从这位伟大的老师那里汲取到精神的动力，就能如此愉快！

也许，我们每个人都很平凡、普通，但是，我们的学生需要最出色的老师，需要最伟大的老师。所以，我们应该努力成长，让自己成为能够被学生需要、渴望亲近的伟大老师！

教师成长，"从心开始"

"重新开始"与"从心开始"

对于今天的社会，我们习惯将其定位为"转型期"。这个古老的民族从一场悠远的酣睡中醒来后，正昂然走在现代化的路上。尽管心急的人早已在讨论所谓的"后现代"，但"现代性"依然像一款摩登的时装，招惹得所有人都想弄一件来穿上。

所谓的现代性，如德国哲学家阿诺德·盖伦所说："就是不断的创新性、合理性和思考性，以及一种与之相应的对一切社会秩序的不可靠感和变化形态。""不断的创新"，必然建立在不断否定、不断开始的基础上。很多时候，我们喜欢"重新"开始，或者"从新"开始。一幢楼旧了，拆掉"重新"修，一条路走不通了，换条路"从新"走。就像小孩在沙滩上玩"过家家"，玩透了，玩腻了，抹掉一切建造和布置从头再来，或者换种花样继续玩游戏。

就教育而言，其实用不着那么多创新。一方面，教育是人类特有的传承文化的能动性活动，具有选择、传递、创造文化的特定功能。新课改刚开始时，我就说过："课改深处离不开文化。"文化需要积累，需要沉淀，需要时间的酝酿和发酵。就像一坛好酒，需要安静，需要安定，需要一种不被影响和打搅的从容与优雅。就像许多植物，只有在不被破坏的生态里，才能根深叶茂，自成天地。

另一方面，教育的要素，更多是固定的、恒常的。教育关乎生命的成长和培育，无论是教育者还是受教育者，生命的成长都是缓慢的，教育的变动和变迁，也必然是缓慢的。它需要耐心浸润，而不是猛烈冲刷；它需要恬然和淡定，而不是急躁和冒进；它需要沉稳渐进的变化，而不是摧枯拉朽的革命。自然界的狂风暴雨，或许可以洁净空气；教育界的狂风暴雨，往往只能破坏水土、败坏风气。

教育是培育心灵的事业，需要每个教育者有心、用心、尽心——有心才有真爱，用心才能懂爱，尽心才是会爱。当然，前提是真正安心：安心才不会为外境所迷，才不会为乱象所困。我甚至愿意说，对今天的教育而言，与其不断地"重新开始"或"从新开始"，不如让我们稍事停顿、静下心来，梳理教育的本源规律，发现教育的本质问题，然后"从心开始"。

一颗安宁的心，一颗坚定的心，一颗安顿的心，对教师来说有着特别重要的意义。我曾多次感叹，当下时代特别需要教师的内心力量，特别需要教师回到自己的心灵：看护好自己的心灵，关照好自己的心灵，调养好自己的心灵。在心灵改变的前提下，我们自然会对自己的行为和方式做出调整和改变。在这个问题上，我一直相信我们可以有所作为，甚至大有可为：我们对自身的任何一次"微革命"，都可能造成身边"小世界"的"大改观"。

心灵改变，世界就会改变。如果每个人都能真正"从心开始"，我们也就不必再有那么多"重新开始"和"从新开始"的折腾了。

内心认同是教师成长的起点

专业成长，是新课程改革以来教育界的一个热词。作为教师教育工作者，我一直在追寻教师成长的"起点"和"动力"。按我的理解，教师成长应当包括精神成长（或者说心灵成长）和专业成长两方面，而且教师的心灵成长比专业成长更重要。但是今天，一说到专业成长，往往是指能不能做课件，能不能上公开课，或者教育技术能力达到什么程度，这很容易让老师以为，所谓专业成长就是这样简单。

另一方面，只是强调这样表面的东西，很容易有"技术主义至上"倾向，也很容易把老师变成教书的工具。道理很简单：你不可能指望一个学识不精、能力不强、状态不佳的老师能够教出很好的学生，干出很好的成绩。学识不精可能误人子弟，能力不强往往事倍功半，而状态不佳，你甚至根本没办法让他喜欢和热爱教育。可以说，只重视单纯的硬件改善和技术提升，不注重教师的心灵归宿和价值取向，不可能有真正意义上的教师成长。

"真正好的教学不能降低到技术层面，真正好的教学来自教师的自身认同与自我完整。"这是美国教育学者帕克·帕尔默在《教学勇气》里的论断。我愿意相信：内心认同，是教师专业成长的起点。

第一，认同自己。苏格拉底有句著名的格言："认识你自己。"但这只是第一步，第二步是"认同你自己"。选择做教师，首先需要自我认同：我就是这样的，我应该从事这样的职业。一个人不可能成为他自己都不愿意成为的人，换句话说，教师成长需建立在他自己的"愿意"和"认同"上。有了这种"愿意"，才不会有太多不满，有了这种"认同"，才不会觉得自己是"小姐的长相丫鬟的命"，才不会"这山望着那山高"。《非诚勿扰2》里有句台词说："婚姻怎么选都是错的，长久的婚姻就是将错就错。"对我们而言，哪怕做教师不是我们的首要选择，但是如果暂时不能改变职业状态，就需要改变"职业心态"：最好的教育人生，也许就是"将错就错"。

第二，认同职业。很多人把教师当成职业，当成谋生手段，其实这也不错。但是，更高的层次是将其当成"事业"，觉得它是值得自己努力去做的事情。再高一层的境界，是把教育当成"志业"，或者"命业"——自己志愿要做的事情，命中注定该做的事情。我愿意这样理解：所谓职业，就是为活着而工作；所谓事业，就是为工作而活着；所谓命业，就是为生命而活着，把自己所从事的事情，当成生命的根本依托。就像特级教师贾志敏所说，当年是为了生活而选择教师这个工作，但是今天要离开教师这个工作，就一刻也没有办法生活。

第三，认同现实。我们每个人都生活在具体的时空，肯定会受具体时空的限制。在我们置身的时间"节点"上再落后，相对于过去可能都算得上是进步。再进步，相对于未来，可能也是落后的。教育是理想的事业，而理想是对现实的不满和"叛逆"。所以，作为今天这个时代的教师，一方面，我们要努力从自己开始，改变那些能够改变的；另一方面，我们也要尽量接受那些不能改变的。每个人都有自己的边界和局限，每个人也都有自己的责任和承担。尽管教育不是万能的，再优秀的教师也不可能包打天下，但是我们应当努力让自己与事业更"般配"，与学生更"般配"。

第四，认同价值。人是精神的动物，需要有意义和价值的肯定。一个人如果认识不到工作的价值，发现不了工作的意义，可能很难有成就感和幸福感。电影《生命因你而动听》（又名《霍兰先生的乐章》）里有段台词，充分体现出了一个好教师的意义："我们就是你的交响乐，我们就是你的旋律和音符，我们就是你最华美的乐章。我们的生命，因为你而变得动听！"一个教师的根本意义和最高价值，可能就体现在，让学生的生命"因你而动听"。钱理群教授曾经说，中小学教师工作的全部意义，就在于成为青少年学生回忆中美好而神圣的瞬间。如果学生很多年后回忆起当年的生活，能够在心里感觉到温馨、幸福、感激，哪怕只是"瞬间"，也是"美好而神圣"的。

有认同感才会有责任感，有责任感才能有成就感，有成就感才能有幸福感，有幸福感才能有归宿感。一个教师如果能够意识到自己的责任所在，能够努力去做，那么当他做出一定成绩，取得一定成就之后，他就能体会到工作的意义和价值所在，同时也更容易在工作中找到自己生命的归宿。

就像我在一首旧诗中所写的：

有一种幸福，是终生守护一些

简单而洁净的事物

不为季节和风雨动摇，比如爱

比如灵魂，一旦选择

就不再选择，一旦热烈

就终生痴情，忠贞而坚韧

成长是对自身完整的不断追求

成长是自己的事情。我曾经说，教师成长的最佳途径是"读写思行"，现在我依然坚持。

第一，成为积极的行动者。

教师首先是"行者"，或者说"行动者"。备课、上课、批改作业、与学生谈话、跟家长交流，这些都需要教师不断地行动。美国教育学者卡尔·罗杰斯曾说过，教师在任何时候都应该成为一个积极的建设者，要摆脱消极思维和我们很容易有的沮丧感。我曾经说自己是悲观的理想主义者，但我仍在不断地行动，所以后来我想到这样一句话：一个好教师，可以是一个悲观的理想主义者，但更应该是一个积极的行动主义者。哪怕前路困难重重，只要我们努力做好手头上的事情，我们至少可以守住自己的教室，至少可以为班上的学生创造一个"局部的春天"。

第二，成为自觉的思考者。

波斯纳有一个关于教师成长的著名公式：成长=经验+反思。所谓"经验"，就是经历和体验；所谓"反思"，就是回头去看你所经历和体验的。思考曾经走过的路，更容易让我们找到和校准前进的方向。停下来反思，看起来好像浪费时间，会让我们更累，但这有助于我们更好地往前走。就像我们的拳头，要先收回来再打出去，才会更有力量。

除了这种事后的"反思"，事前的"预思"、事中的"正思"也很重要。教师是行动者，但前提应该是思考者。就像很多年前，我为"知行社"这个教师民间团队拟定的"宣言"里所说的，"我们不是思想家，但有自己的思考"。只有建立在思考基础上的行动，才可能真正有效；只有用思考指引的行动，才可能更加正确。我们经常要求老师负责，但是如果观念不对，越负责可能危害越大，就像方向不对，跑得越快，离目标就越远。

第三，成为坚定的写作者。

树用年轮记录沧桑，我们用什么来记录曾经拥有的岁月和时光？文字，因为文字会比我们的记忆更结实，比我们的生命存留得更久远。

用文字记录，并不是教师额外的工作，而是我们的分内之事。比如帮人卖衣服，我们也需要记录进货多少、卖掉多少、价格多少、利润多少。比如观测水文或气象，我们也需要翔实记录，甚至进行统计、分析。教师写作，也是这样。

我甚至觉得，写作就是表达，表达就能改变。第一是对生命状态的改变。写作是对内心的清洗和过滤，是对自己的净化和提升。坚持写作的人，心灵会越来越沉静，面相会越来越美好。第二是对教育行为的改变。写作是思考的真正开始，长期的专业写作会不断校准我们的教育方向，不断修正我们的教育行为，让我们成为更好的教师。第三是改变他人的教育感受。当然，前提是通过写作，表达出自己对教育的理解和思考。我们的理解，会影响他人对教育的理解，我们的思考，会改变他人的教育行为。第四是改变中国教育的面貌。每个教师都是中国教育的一分子，如果每个教师都能变得更美好一些，中国教育的面貌也就会更美好一些。所以，教师要教书、要读书、更要写书，哪怕读者只有自己一个人。

第四，成为主动的阅读者。

教师的主要工作是教学，按我的理解，所谓"教学"，就是"教师先学"，或者"边教边学"。所以，教师首先应该是一个学习者。用美国社会学家玛格丽特·米德的说法，我们今天处于"后喻时代"，就是说我们的后辈可能更容易习得某些知识，可能比我们知道得更多，因此我们既要向他们学习，更要让自己始终保持学习者的姿态，不断地去学习。

教师这个职业，其实就是教书。我特别喜欢一个说法：要做教书人，先做读书人。但是，最不可思议的是，教学生读书的人居然是自己都不读书的人。更不可思议的是，这就是今天教育的现实。于漪老师曾说她自己是"一辈子做教师，一辈子学做教师"。其实，那些优秀教师，那些被我们熟知的名师或"明师"，都始终处于不断学习之中，正是因为"学习"，才让他们更加优秀、更加美好。

第五，成为勇敢的坚持者。

坚持很难，哪怕是很简单的事情，要长期坚持也很不容易。但是，的确有很多事情需要我们不懈坚持，尤其是面对教育这样的"慢的艺术"。一时的美妙想法谁都会有，一时的热血冲动谁都有过，但缺乏勇敢，就可能很难坚持。如古人所谓"靡不有初，鲜克有终"。

对教师来说，坚持自己的职业，坚持自己的行为准则，坚持自己的努力方向，坚持自己的反思记录，坚持自己的成长和提升，都是非常重要的。就像我曾经说的："偶尔做一下，只是事情，坚持做下去，就可能成为事业。"很多时候，我们的职业意义和生命价值，其实就体现在我们的勇敢坚持里。

我愿意相信，所谓成长，就是不断发现更好的自己，不断创造和展现更好的自己。无论是"发现"，还是"创造和展现"，其前提是要符合自己的意愿，其过程必须靠自己努力。

边教边学，让自己更"般配"

"般配"，原是方言。本义指婚姻双方在出身、相貌、文化水平等方面相差不大，条件合适。比如："他们两个真是很般配。"再夸张一点："他们两个真是绝配，简直就是天生一对，地造一双！"后来，"般配"一词又被运用到了其他方面。吃低保者很难住进高档社区，成功人士也不会屈居贫民窟，参加晚宴应当穿晚礼服，但穿一身正装进入游泳池也会成为笑话……这些说的都是"般配"与否的问题。

对自己"不般配"或"配不上"的东西，有的人会淡然视之，有的人则会耿耿于怀，甚至满心痛苦。王小波说过，人的一切痛苦，本质上都是对自己的无能的愤怒。因为无能，所以恐惧；因为恐惧，所以愤怒；因为愤怒，所以痛苦。这种痛苦的实质，其实就是"不般配"或"配不上"。尤其是当自己感觉失落，或正承受痛苦的煎熬时，绝大多数人都会沮丧、抱怨，甚至愤怒、绝望。

教师与其所从事的教育工作，也有"配"与"不配"的问题。能"般配"的教师，往往能力较强，信心较足，创造力强，成就感大，幸福指数高。"配不上"的教师，因为能力欠缺，即使应对日常事务，也会觉得吃力，信心低落，说不上创造，很难有成就感，时时被紧张、焦虑困扰，烦躁、易怒，难言幸福。所以，我们今天说教师成长，其实就是让教师通过不断努力，从而与自己的职业"更般配"。

有一个词叫"夫荣妻贵"，意思是丈夫荣耀了，妻子就会跟着"贵起来"。在江苏溧阳的一次交流活动中，我由"夫荣妻贵"出发，创造了"师因生贵"一词。一个教师能因为什么而"贵起来"？答案当然是因为他书教得好，培养了很多优秀的学生。一个教师教的优秀学生越多，他的名望就会越高。

我觉得，作为学校，努力改变自身形象，全面提升办学效益，才能进入"良性循环"的轨道；作为教师，努力让自己变得更好一些、更优秀一些，才可能有机会去教更好、更优秀的学生。

我一直认为，人的灵魂需要靠自己修炼，就像练功，只有经历种种磨难，才能到达某种境界。但是，在某个寒冷的冬夜，当我读张文质先生的《幻想之眼》时，其中一句话惊醒了我："其实是博大的灵魂寻找着与自己相配称的追随者。"反复咀嚼这句话之后，我有了一种豁然开朗的感觉。"与自己相配称"这几个字，像闪电一样照亮了那个夜晚。我能够与那"博大的灵魂"相配称吗？我应该怎样才能让自己与那"博大的灵魂"相配称？

当时，我想起陀思妥耶夫斯基所说的："我只担心一件事，我怕我配不上自己所受的苦难。"身处苦难，不是哭天抢地，不是怨天尤人，而是反躬自省，担心自己"配不上自己所受的苦难"，这样的襟怀，让人特别感动。

仔细想来，我们所遭遇的种种坎坷、磨折，其实并非偶然；我们所享有的种种幸福、美好，也并非必然。倘若一个人不努力奋斗，坎坷和磨折将会持续更久；即使已经享有幸福和美好，也可能会像掌里的流沙，从指缝间渐渐流走、消逝。

教师也是如此。张文质先生曾感叹："我由衷地感受到，不是今天的孩子对不起教育，而是今天的教育对不起这些孩子。"这是他女儿读高一时，他在"以一个父亲的心情听课"后感叹的。现在，我想套用他的句式表达我的感叹："我由衷地感受到，不是今天的学生'配不上'教育，而是今天的教育'配不上'这些孩子。"

今天的教育，当然也包括今天的某些教师，他们很可能真的是"配不上"他们的学生。面对学生，我们每个教师都应该像那首歌里所唱的："每天努力地学，怎么和你般配的秘诀。"虽然，我并不相信所谓的教育奇迹，就像我并不相信所谓的成长秘诀或成长捷径。但是我愿意相信，教师成长必定是有某种途径的。

我们每个人成为教师，决非自师范毕业后就"自然"成为的，也决非站上讲台就"天然"成为的。就像"在战争中学会战争"，我们其实也是"在教书中学会教书"的。从这样的意义上讲，教书既是我们的工作过程，也是我们的修炼和成长过程。在战争中，一个身经百战的人很容易"从奴隶到将军"，但在讲台上，一个身经百课、千课的人或许才刚刚摸到教育的"门道"，然后渐渐步入教育的"堂奥"。

从普遍意义上讲，一个学科教师总会经历几个阶段。首先是对学科知识的关注，如讲得对不对、问题表达清不清楚。所以新教师总是很紧张，担心自己传授知识的正确度。其次是对自身行为的关注，讲得好不好，语气是否好，动作是否好，教学问题设计得怎么样。再次是关注学生的体验和感受，在这一阶段的教师渐渐开始意识到学生才是学习的主体。最后，一个真正成熟的教师才可能对教学情境进行全面关注。所以，刚上讲台的时候，我们对教育的激情往往多于对教育的理解，我们的教育直觉往往多于教育智慧。

真正的教育智慧只有在不断实践和不断学习的过程中才可能产生。

教书将近10年后，我从一线到了"一点五线"——在进修校做教研员，既非一线教师，也不完全是退居二线，所以有此戏称——从教师到教研员，从基础教育到成人教育，工作的内容和方式都发生了很大的变化：以前，只需凭感觉和经验就能将课上完；现在，虽然主要是到学校听课，但不能白听。身为教研员，听课后总得评议吧，在感觉和经验之外，不说指导，至少也得有理论的提升和引领吧。这就需要学习，重新学习，不断学习，以便让自己能与自己的工作"更般配"，与自己的身份"更般配"。

因为这样的经历，我后来一直把"教学"的本质理解为"教师先学"，或者说"边教边学"。教师指导和引领学生学习。一个以教导别人学习为职业的人，如果自己都不学习，可能很难在学习问题（学习的态度、方法、措施等）上，真正指导和引领学生。道理很简单：要让学生喜欢学习，教师自己首先应当是喜欢学习的，要让学生学会学习，教师自己首先需要有"会学习"的经历和体验。

尽管以今天教师的学历情况而言，每个教师都很容易胜任自己的学科教学，但是把自己会的教给学生，让学生也"会"，并不是一件简单的事情。在被专家们称为"后喻时代"的今天，有很多东西是我们所不曾接触过的，有很多问题是我们所不曾了解过的，作为教师，我们更需要主动学习，不断提高，才能让自己与所教的学生"更般配"。

　　始终保持"学习者"的身姿，就像于漪老师所说的"一辈子做教师，一辈子学做教师"那样，应当是教师让自己"更般配"的最好方式。

　　上海打虎山路第一小学的门厅里有一句话：我想拥有最出色的学生，所以我要努力让自己成为最出色的教师。据说，这是该校一位叫朱亦磊的老师说的。我很喜欢这句话，因为我知道，对教师而言，所谓的成长，其实就是让自己变得更优秀、更美好。或者说，所谓的成长，其实就是不断寻找和发现更优秀、更美好的自己，让我们能"配得上"自己的角色和身份，能够与我们的学生更加"门当户对"。

腾空自己，是为了更好地腾空而起

　　某日步行上班，在走过每日都要经过的三桥和河堤时，我发现河水浅了许多。丰盈、浩荡的涪江露出了大半河床，满眼空旷；平日里隐在水底的大小石头突兀地显现出来，嶙峋、森然；浅水处，一些鸥鸟和野鸭时起时落。

　　我知道，是下面的三江大坝开闸放水了，原因显然是为了预防可能到来的洪水。天晴了很久，烈日暴晒，持续高温，这样的时节，说不定哪个时候就可能降下暴雨，涨起洪水。未雨绸缪，提前做好抗洪防洪准备，对这座三江汇聚的城市来说再自然不过。

　　放掉积水，是为了腾空河床；腾空河床，是为了接纳更多。就像腾空杯中的水或酒，是为了接纳新的水或酒；就像腾空肠胃，是为了接纳新的食物；就像腾空一间房子，是为了接纳别样的物什、家具、家电，甚至主人。

　　按字典的说法，腾空，就是腾出空间。腾出空间，是为了更多、更好地接纳。反过来说，要接纳更多、更好的事物，首先必须有效地腾空。

我们所用的电脑，每过一段时间便要进行磁盘整理，清除暂存或缓存的垃圾，无用的资源或少用的软件，甚至全面格式化。再大的磁盘容量都是有限的，通过清理和整理腾出一些空间，以便存放更新、更重要的东西。

公交行业有一个术语叫"放空"，就是让某辆车或某些车以"空载"的方式行驶到某个地方。一般来说，这是为了协调某些线路和区间的"运力"。腾空河床，整理磁盘，其实也是为了解决"运力"：运行力和运算力。

据说，人脑的容量是足够大的，能承纳很多东西。但我想，再大的脑容量，也不至于无边无限，所以也需要定期或不定期地清理和整理，将一些不必要的人、不必要的事、不必要的记忆移出去腾出容量和空间来，以便接纳更多更新的人、事和记忆。

用现在流行的说法，就是"放空自己"。暂时抛开眼前的一切，暂时忘掉世俗的东西，以便让身体和心灵得到"休养生息"。"放空"的实质，也是腾空，虽然只是暂时的。

这样说，放空也好，腾空也罢，其实是人生常态。

只是，人性容易怠惰，人心也容易满足。人到一定年岁，有一定的经历和资历后，很容易觉得够了、满了，不必再吸收和接纳，也足以应对一切了。

佛家故事记载，有一个徒弟，觉得自己学得不错了，去见师父："师父！我已经学足了，可以出师了吧？""什么是足了呢？"师父问。"就是满了，装不下去了。""那么装一大碗石子来吧！"

徒弟照做了。"满了吗？"师父问。"满了！"师父抓来一把沙，掺入碗里，没有溢。"满了吗？"师父又问。"满了！"师父抓起一把石灰，掺入碗里，还没有溢。"满了吗？"师父再问。"满了！"师父又倒一盅水下去，仍然没有溢出来。

每次想起这故事，都会有不少感触。

"满"有两种：第一种是自满，即自以为满。自以为满，换个角度其实未满，像上面故事里所说。而且，在这一方面满，在另一方面却可能是空。但我们并不知道空，而只是觉得满，似乎就要叮叮当当溢出来，但俗话说得好，满瓶水不响，半瓶水叮当。

第二种是真满，真正的满了，完满、美满、圆满了。但是我们都知道，花开自谢，物极必反，真满就是"极"，满后必然"反"。俗话说，水满则溢，月满则亏。所以，世间事，很少有大圆满的；世间人，也很少标榜真正满的。

而且我发现，越是真满的人，往往越谦虚低调，既不自己说满，也不向人示满。他们极像成熟的谷穗，越是充实饱满，越是谦逊沉稳。他们始终"虚怀若谷"，以便随时接纳更多更新的东西。这样的人，往往更容易让我愿意亲近和接触。

我想说的其实是教师的学习。教师的主要工作是教学，以我的理解，所谓"教学"，就是"教人（学生）学习"，教人学习的人，首先应该是一个优秀的学习者。道理很简单：要让学生爱学习，教师首先要爱学习；要让学生会学习，教师首先要会学习。"师范"一词，我觉得核心是"范"，规范、示范、模范、典范，凡此种种，都应当由教师率先垂范。

正因如此，我对"教学"还有一个理解，就是"教师先学"，或者说"边教边学"。"先学"才能指导"后学","先进"才能引领"后进"。在科技昌明的今天,"刀不磨要生锈"的情形可能少了,因为现在的刀,要么是不锈钢,要么有良好的防锈技术。但是,"人不学要落后"的状况越发多了,因为我们处于飞速发展,甚至加速进步的时代,信息不断迭代,知识不断更新,每个人要想不落伍、不落后,都只能"活到老,学到老"。

但是说实话,今天的教师在学习方面的表现,实在不是很乐观。据说,"苹果教父"乔布斯曾有一个百思不解的问题:为什么计算机改变了几乎所有领域,却唯独对学校教育的影响小得令人吃惊?原因肯定很多,但我觉得,教师对新技术、新理论的学习始终表现冷淡甚至反感抵触应该是原因之一。就像华东师范大学钟启泉教授所说,现在很多老师都存在三个问题:不读书,不研究,不合作。

我当然知道,现在的新任教师里,研究生日益增多。但是,文凭并不意味着水平和能力,尤其是"做教师"的水平和能力。本硕博毕业的"科班生",应对中小学的知识教学,应该没什么问题,但真正的教育,按黄克剑教授的说法,除了"授受知识",还要"启迪智慧""点化或润泽生命"。无论是智慧的启迪,还是生命的点化或润泽,仅有"知识"肯定是不够的,仅有"书本知识"也是绝对不够的。真实的教育,或者说真正的教育,更多的是出现在具体的情境里,出现在日常化和生活化的场景中。教师要面对形形色色的教育对象,要应对纷繁复杂的教育情况,仅有"书本知识",显然难以胜任。

所以我觉得,"做教师"的真正意味,其实是"学做教师"。

始终保持腾空或放空的状态，不断接纳和汲取新的知识、新的理论、新的技术和方法，才可能真正地"做好教师"。

其实，腾空还有另外的意思：向上腾起，向上升起。人是大地之子，身体始终受制于重力的束缚和制约，但很多时候，人又总想摆脱这一束缚和制约，到达更远、更高的地方。腾起也好，升起也罢，都需要"腾空"，既要腾出空间，也要腾空而起。

就像飞机起飞，在一段时间的滑行后，还需要突然加速，以获得自身的推力，再借助空气的升力，最终才能腾空而起，一飞冲天。

当然，飞机起飞还涉及自重和载重。再庞大的飞机，也有自重和载重的极限。所有的飞行，都建立在适当的重量和足够的动力基础上。足够的动力，来自发动机；适当的重量，则来自适度的控制。"重装"固然也可以前行，但显然，"轻装"才能够更好地前进。

如此说来，腾空自己，既是为了放下包袱更好地前进，也是为了放空脑袋更好地学习。而通过不断学习之后，我们自然能够更好地"腾空而起"。

有意思的是，"学习"的本义其实就是"学飞"。"习"的繁体字是"習"。《说文解字》云："習，数（shuò）飞也。"所谓"数飞"，就是多次飞，反复飞，指幼鸟学习飞翔。所以，《礼记·月令》说"鹰乃学习"。"学习"的目的，就是飞翔，不只是鹰，也包括人。

从文字学上说，"習"字由"羽"和"白"组成。"羽"的古字形像羽毛，代指小鸟；"白"实际上是古"自"字，而"自"又为古"鼻"字，所以，"習"字本就意味着小鸟学飞时很吃力，不停地喘息。朱骏声《说文通训定声》说得更明确："数飞则气急见（现）于口鼻，故从白。"

　　"学习"当然是不容易的，既要费力气，也要花功夫。但是，"学习"后就能够飞翔，自由自在地漫步云端，想来那又是很快乐的。或许正因如此，《论语》开篇就是："学而时习之，不亦说乎？""说"即"悦"，那是真正的快乐，大快乐。

自信，就是首先信自己

　　课程改革刚开始时，曾有语文老师问我：可不可以对教材做些增删处理？我说当然可以，按叶圣陶先生的说法，教材无非是个例子，你要觉得例子不合适，为什么不可以重举一个？"用教材教而不是教教材"，这不正是新课程所倡导的重要理念吗？

　　教师，需要确立教学自信。按字典里的说法，自信就是相信自己。所谓的教学自信，应该就是指教师对自己的教学能力、方法、选择、创造的相信。对教师而言，教学自信的确立，我认为要者有三：

　　首先，坚守自己的原则。

　　教育的目的，说到底就是"立人"。立人的前提，是教师自立；教师自立的前提，则是自信——对自己的坚信和坚定。自信者方能自立。自信者，往往内心清明，意念坚定，因此能得到真正的"大自在"；而不自信者，往往心为物役，情随境转，"唯书唯上唯专家"，唯独没有自己的见解，更没有自己的个性和特色。

有一次，我应邀参加某学科的课堂教学比赛。初选时，一位老师的课给我留下了十分深刻的印象。无论是教学设计还是教学过程，虽不够完美，但都很有特色。但到决赛时，我再听那课，感觉就像变了个人在讲课。先前的那些特色全都没了，课堂结构倒是很流畅、很圆润，但四平八稳，"泯然众人"。最终，他名落孙山。

比赛结束后我问他，怎么变化那么大？他满脸无奈地说："得知进入决赛，学校非常重视，组织了几次磨课，校长说这点不好，主任说那点不好，老教师说这里那里都还有一些问题，最终就成这样了……"我问："那你自己的意见呢？"他脸微微地红了。

教师得先有教学自信，才可能有个性和特色。而有个性和特色的前提，是有自己的原则和对原则的坚守。霍金说过，他即使被关在果壳之中，仍自以为是无限空间之王。在自己的课堂上，每个教师都是讲台上的"王者"，没有人能规定你必须这样或那样讲，如果有自己的原则，有足够的坚信和坚定，别人的意见最多只是一种提醒和参考。

其次，珍视"自家宝藏"。

禅宗里有"自家宝藏"之说，指的是"本心""本性"。禅门相信，每个人都有佛心、佛性，每个人在精神上都富有自足，这与孟子所谓的"万物皆备于我"如出一辙。既然本心本性原本自足，自然不必向外寻求。向外寻求，即是迷失，即是"背着娃儿找娃儿"。

教师成长的方法很多：向名师学习、向专家请教、向书本寻觅、跟同事交流，诸如此类都是不错的路径。但是，如果没有对自己的"明心见性"，这种一味地向外寻求也很容易沦为王阳明所感叹的："抛却自家无尽藏，沿门持钵效贫儿。"

比如说，对名师的课例和一些优秀的公开课，许多老师都想借鉴、模仿。借鉴不是不可以，但得看自身条件。海参鱼翅都是好东西，但并非每个人都能接受和消化。至少，病后体弱的人就不宜吃鲍鱼捞饭，而最好是稀粥一碗。模仿也不是不可以，但对名师，不能止于模仿，尤其是不能止于方法、技巧等形式上的"拿来"和套用。齐白石曾说："学我者生，似我者死。"即是说，若一味效仿，追求形似，而不能创造性发挥，就很难有好的效果。

我始终相信，每个人都有做教师的潜能，每个教师，都有成为好教师的潜质。因此，就教师成长而言，最重要的就是，首先要归本求源，发现并珍惜"自家宝藏"——自身具备的适合做教师的天赋、资质、禀性、特长、能力。很多时候，它们可能处于被掩藏、被遮蔽的状态，需要特定的时机去催生，需要特别的事件去展露——无论是别人提点，还是自己悟得。

美国教育学者帕克·帕尔默说："任何真正可信的教学要求，最终是来自教师内心的呼唤。"所谓"内心的呼唤"，其实就是教师对自身潜能和天赋的探寻，是教师对"自家宝藏"的发掘和珍视。

最后，修炼自身"绝活"。

"我强，因为我专！"所谓的"专"，就是特长、绝招。人无你有，人有你专，人专你精，只要有一项真正冒尖的"看家本领"，你就会受到特别关注，给人留下深刻印象。任何人能够影响社会、造福大众的，只能是他最擅长的本领和能力，或者说"绝活儿"。饮食行业有句话叫："一招鲜，吃遍天。"俗话说："千招会不如一招绝。"法国文豪雨果讲："只要学有专长，就不怕没有用武之地。"话语不同，但都是对绝活的肯定。

从教以来，我一直在想：一个教师，终其一生，要面对成百上千的学生，要上成千上万堂课，他能够给学生留下什么印象？他怎么给学生留下深刻的印象？回顾自己的学习经历，那些给我们留下深刻印象的老师，往往不是因为他们所教的某些知识或课程，也不是因为他给我们传的道、授的业、解的惑，而是他有自己特别厉害的地方。就像大师都有自己的风格一样，真正优秀的教师，总有与众不同的看家本领，或者说"绝活儿"。

从智能的角度上看，每个教师都有自己的边界和局限，都不可能样样精通。但是，每个教师都可能有自己最精通的项目、最擅长的本领。在最擅长的方面尽心用力，把最擅长的能耐发挥到极致，你就可以"一招制敌"，征服学生，在学生心里留下永难磨灭的印迹。

除吸引学生、征服学生外，教师的绝活其实也是重要的教学资源，可以激发学生的兴趣和热情，甚至让他们沉醉、痴迷。同时，教师的绝活也是教师人格魅力的重要组成部分，是最能影响和感染学生的部分。无论如何，教育的完成最终还是靠"人"，靠人与人的心灵和情感的交流。每个教师，都应该努力修炼自己的绝活儿。

"绝活"是手段，"宝藏"是依凭，"原则"是前提，做教师，有此三者，就能自信而不盲目。

时间管理："八小时以外"更重要

很多年前，我读过一本杂志，叫《八小时以外》，大约是休闲、娱乐一类的书，所以读过也就读过了，没太多深刻的印象。时隔多年，我只记住了这个刊名，或者说记住了这个短语——八小时以外，这个短语在我心里仿佛就是休闲、娱乐的代名词。

说来也奇怪，一说到教师的时间管理，我首先想到的居然是这个短语。

我觉得，对中小学教师而言，八小时内的时间几乎不太有管理的空间和可能。早六也好，早七也罢，一进入学校，"上班模式"就自然开启：一节节课按部就班地上，一本本作业由厚到薄地改，一堂堂课从前到后地备……还有说不定的偶发事件、料不到的突然情况、不可控的临时会议，甚至各种各样预定或即兴的检查、考核、评估，很容易就让"八小时"爆表。真可谓"人在校园，身不由己"。而这种"不由己"，不仅体现在空间里，更多地还体现在时间上——真正可供自己支配的时间实在太有限了。

当然，真正的高手总能在有限的时间里弄出另一番作为和气象。同是上班下班，在同样的时间单元里，有的老师会显得忙忙慌慌，有的老师则总是气定神闲。比如说有的老师桌上常常乱七八糟，有的老师桌上则始终井井有条。

每次看到这样的场景，我总会想到"整理"这个词。就像电脑硬盘，若碎片太多，就会影响速度，需要"清理"和"整理"。整理其实就是一种管理和优化，八小时以内的时间或许很难自我管理，但是自我"整理"总是可以的。硬盘整理的目的就是优化。时间整理也是如此，优化时间结构，优化时间安排，最终优化流程和提升工作效率。

早些年的语文课本里曾提到华罗庚的"统筹方法"，以数学方法安排工作和生活。我一直记得他举的例子：想泡茶喝，但是没有开水；水壶要洗，茶壶、茶杯要洗；火生了，茶叶也有了，怎么办。他给的策略是：洗水壶，灌凉水，烧水；等待水开的时间里，洗茶壶、洗茶杯、拿茶叶；等水开了，泡茶喝。这样的安排很多人都会，但如他所说，"临事而迷的情况，是常常存在的"。若事情来得急，更容易让人手忙脚乱，哪里想得到细心地"统筹"？就像我们都知道事情分轻重缓急，但事到临头，谁都不免眉毛胡子一块抓。

"统筹"往往需要冷静，但是面对工作和生活，更重要的是热情。只有对工作和生活充满热情的人，才会特别在意自己的时间，才会期望自己每时每刻都过得饱满而有质地。这种饱满和质地，一般在当时是看不出来的。

多年前，我教高中语文，当班主任，同时爱着文学创作。那是真正的爱，如同热恋，总期望能有更多的时间与文字厮守。高中教学任务紧张，班务繁琐，但我总能找到时间去亲近心爱的书和文字。而且当时感觉越是紧张，我似乎越容易兴奋。就像竞技选手置身赛场，人群、气氛和"现场感"往往更容易让他们充满激情，从而有更好的发挥和表现。我到现在还记得，我有不少一直为人称道的文章都完成于那些比较紧张的时段。有些篇什甚至就是在上班八小时内的间隙里写成的。当然，更多的还是在"八小时以外"，准确地说，是在夜深人静的时候——喜欢写作的人，可能没几个不熬夜的。

我曾经翻看过一本书，叫《教师的第九个小时》，主要内容是教师的业余生活及生活情趣。按编者的意思，该书的命题其实隐喻着这样的意味：教师教书之外的生活应当从"第九个小时"开始。这说法深得我心。很多年来，我其实一直就是这样践行和坚持的。我始终觉得，除极少数天才外，一个人能否取得一些成就及其成就的大小，往往取决于"八小时以外"，不止第九小时，还有第十小时、第十一二小时，乃至更多。人是时间之子，人的所有作为都在具体的时间里展开，人的所有成就也必然要通过具体的时间来呈现和展现。

我到现在还记得，我的2015年几乎一直在不断地行走：安徽、福建、江苏、江西、湖南、重庆、山东、吉林、广西……办讲座、写作、编书、策划并组织活动……课依然在上，工作依然在做，自己喜欢的事也一直在延续。当然，在做这些事情的同时，我也依旧在不间断地阅读和思考。我一直觉得，阅读和写作应该是教师最重要的"专业行走"方式，甚至应该成为教师最重要的专业生活内容。只有通过不断读写，教师的心灵才能得到不断重建，教师的生命才能得到不断重生。出于这样的想法，当我被《中国教育报》评为"全国推动读书十大人物"时，我将"向着一本本书走去"作为了我获奖感言的核心。同年暑假，在我和张文质先生发起的"'教育行走'教师公益研修夏令营活动"中，我明确提出了"行走拓宽世界，读写重建心灵"的主张。在这样忙碌的行程中，我主编的《好班是怎样炼成的》小学卷也在那一年付印，随后又编成了中学卷，还修改和敲定了另外两本教材。

我心里也明白，能有这样的收获和体验，和我的工作性质息息相关。作为进修学校的教研员，比起一线教师，我相对轻松。至少，没有那么明显的紧张和压力，但是，忙碌一直如影相随。只是我始终坚信：总有时间可以让我们忙里偷闲，就像总有空间可以让我们见缝插针。忙里偷闲，见缝插针，或许就是教师管理时间的要诀之一吧。

当然，真要管理好自己的时间，除了热情，也还应当有方向。对教师成长而言，方向比方法更重要。有方向，才能让人忙而不瞎、忙而不乱；当然，也才能让人忙而不茫、忙而不盲。我特别喜欢美国诗人罗伯特·弗罗斯特的这几句诗：

> 树林美丽、幽暗而深邃，
>
> 但我有诺言，尚待实现。
>
> 还要奔行百里，方可沉睡。

虽然在我这样的年龄，"奔行"已不容易，但我仍愿意不断行走，脚踏大地，眼望星空。既因为"有诺言尚待实现"，也因为越发感觉到时间的紧迫。而时间越紧迫，也越需要我们认真管理，打紧安排，以便更从容地前行。

正确认识教育叙事的价值

看陈红老师的博客，记住了一个标题："让逝去的时光在文字中鲜活。"对"教育叙事"，她谈到过去的不屑和现在的看重。她说："我还是会努力去收拾我的记忆，用我的手写我的心，让逝去的时光在我的文字中鲜活起来。"

时光如流，岁月如歌。这时光，这岁月，对每个生命来说都是有限的。50年，80年，100年，或长或短，或先或后，谁也不可预支或借贷。它又是一次性用品，不可再生资源，单向，线性，一旦过去，便永不再来。所谓的"昨日重现"，不过是抒情式的祈祷；时间却在祈祷中如掌中细沙，一如既往地流失，迅疾得不可思议。我们说要抓住现在，但"现在"属性黏滑，如泥鳅，不经意便消逝于泥土中；又如水滴，在指缝间一不小心就蹿进长河洪流里。比如我说"此时此刻"，一旦说出，它便成为过去，成为记忆暗流的一部分。正因如此，赫拉克利特说："人不能两次踏进同一条河流，因为新的水不断地流过身旁。"

这样说来，人在时间里真是单薄、脆弱，没有哪一刻属于我们。我们所有的，只是对现在的感叹和对未来的期盼。未来遥远，而现在，又在徒劳的感叹中成为过去。

但幸好还有记忆，它像银行能让我们不断存储，也能让我们随时提取旧日的时光。

旧日的时光总与往事有关，往事又与经验有关。而所谓经验，我愿意理解为：经历和体验。虽已成为过往，却仍在发生作用。就像历史，虽然只存在于史书中或人们的口耳间，但它依然指向今天，依然影响着我们的生活，我们每个人都生活在它的阴影或辉煌里。意大利哲学家、历史学家克罗齐说："一切历史都是当代史。"这和"以史为鉴，可以知兴衰"是一个道理。也正因如此，才有人说，弘扬传统的最好方式，莫过于恢复人们的过往知识和历史记忆。记忆留存，伟大的传统就不会死去，即使睡去，也会在夜半觉醒。一个民族也好，一个国家也罢，往往如此。

新课程理念特别关注课堂知识的生成，而在关注知识生成时，又特别重视学生旧有的知识积累，因为学生是在旧有知识的基础上获取新知的。因此在课堂教学中，应充分关注并努力唤醒学生的经验积累。无独有偶，谈到教师专业成长，很多专家不约而同地提到了"反思"，大家一致认为这是教师成长的重要起点。"反"即回头，或回顾。回头，是为了再看看走过的路途；回顾，是为了体味往事的意义，从中得到的感受和启迪。在这样的基础上思考，有助于我们理清思路，看清来路；有助于我们再次上路时，能走得更远、更稳。

这正是"教育叙事"出现的背景。不是深奥的知识，不是枯燥的理论，也不是艰涩的阐述，而是单纯的记叙、描写、表达，是故事、场景、细节。不是不痛不痒的高头讲章，而是与自己休戚相关的切身经验，是与生命水乳交融的回顾和思考。教师的教育教学生活经过重新回味、咀嚼，会形成一个个生动形象的故事，引申或指向一个个教育思考或道理。解读这些故事的过程，就是解读者与叙述者的心灵对话、思想碰撞。我们用心品味，就可以感觉得到，这正是他们关注教育、研究教育的过程。

所以，与其要教师成为茫然的研究者，不如让教师成为清醒的叙述者；与其要教师带着更新的理念上路，不如让教师带着已有的往事上路。

不是枯燥的历史，而是鲜活的记忆；不是死板的文字，而是灵动的经验；不是呆滞的书写，而是切身的叙述。而这记忆，这经验，这叙述，因为来自个体，所以更具有特色；因为来自一线，所以更具有意义；因为来自自己，所以更容易被吸纳，也更容易使我们自己得到提升、获得成长。

关于成长，我说过，它是一生的事，是慢的事，而且充满崎岖和坎坷，充满波折和反复。犹如在激流中踩着石头过河，需要试验，也需要探索。谁也不愿在同样的地方跌倒两次，这就注定了谁也不可能一往直前，总得左顾右盼，瞻前望后。因为前车之覆，可成后车之鉴。当已有的记忆和经验，与现实的道路结合，我们至少可以做到不在同样的地方再次摔倒，至少可以做到在类似的弯道上跑得更快、更好。

只是很多时候，往事距离我们太远。就像影子，我们行到光明之处，它却躲闪于黑暗之中，被我们有意遗弃，或无意丢落。这就需要我们用心回顾，在记忆里沉潜、打捞，以一朵朵水花或波纹，唤醒我们的记忆。它可能是零散的、驳杂的，像风雨后的乱草，漫无头绪，这就需要我们耐心地梳理、归纳。当然，它也可能是坚硬的、沉冷的，甚至有尖锐的棱角，硌碰我们的皮肉。这就需要精心打磨。像治玉那样，切割、雕琢，磨得圆润些，让它沾染上我们的体温，这样再带着上路，就像带着玉饰，轻便美观。有着这样的记忆梳理，有着这样的经验积淀，有着这样的往事支撑，我们在前行的路上，也必会走得更加从容、自信。

托克维尔说："当过去不再照亮未来，人心将在黑暗中徘徊。"徘徊，那不正是原地踏步？

要做教书人，先做读书人

阅读的最大意义，或许是给我们的生活多增加一些窗户。没有阅读的人，他的心灵可能比较狭窄；喜欢阅读的人，他的精神世界则要辽阔得多。

"以铜为镜，可以正衣冠"；以书为镜，可以正三观。前一句是唐太宗说的，后一句是我续的。

有个叫吉辛的英国人曾说："读书人和不读书人的距离，就如同活人和死人之间的距离一样。"这话显然过于夸张，但是细想，好像并非毫无道理。喜欢读书的人，可以在书里经历更丰富的人生，不读书的人，却只能在尘世中过完自己的一生。

刘向曾说，书犹药也，善读之可以医愚。这句话固然有道理，但我觉得，视书为药，多少还是有些功利，因为身体有病的人才会服药。所以我更愿意说：书犹饭也，可以疗饥。生病只是偶尔的事情，饥饿却是经常出现的情形。身体的饥饿，唯饭可疗；精神的饥饿，唯书可疗。

谈到阅读的意义，毕淑敏曾说："书就像微波，从内到外震荡着我们的心，徐徐地加热，精神分子的结构就改变了、成熟了，书的效力就凸显出来了。"我愿意这样理解这句话：当一个人有了深入、持续的阅读生活后，不仅言行举止变得越来越优雅，甚至精神面貌也会焕然一新。伴随着文字的滋润、书香的浴浸，这种心灵世界的"化学反应"一定会自然而然地发生。

对个体生命而言，读书最大的功用，或许在于"修身"，即修炼自身：通过读书求知，构建起自己的精神大厦，以摆脱俗世的困扰。

"我读过很多书，但后来大部分都忘记了，你说这样的阅读究竟有什么意义？"对这个问题的最美妙回答，我觉得莫过于："当我还是个孩子时，我吃过很多食物，虽然现在已经记不起来吃过什么了，但可以肯定的是，它们中的一部分已经长成了我的骨头和肉。"

很多时候，你无意间读到的某本书，甚至某句话，都可能成为生命中的"伏笔"，成为命运之神预设的一条神秘而美妙的"线索"。也许事隔多年，你才会意识到：原来，一切"后果"，都有"前因"。

作为家长，最应该送给孩子们的礼物就是陪伴他们读书，让他们养成读书的习惯；作为学校，最应该教给学生的，就是鼓励他们读书，让他们保有读书的兴趣；作为教师，最应该留给学生的，就是传递给他们读书的方法，培养他们读书的能力。这些东西，才是真正的素质和能力，这些东西，才能真正让孩子受益终身。

所有学习，首先从"阅读"开始。一般来说，"阅读力"强的，学习能力都不会弱；学习能力弱的，往往是因为"阅读力"不济，从而导致"理解力""思考力"不济。学生的学习如此，教师的学习和成长也是如此。

教师的职责之一是教书，即教人读书。所以，最滑稽的事情莫过于，教别人读书的人，自己却几乎不读书，甚至从骨子里就不喜欢读书。

教师为什么不读书？原因可能有很多，但阅读仍是教师最好的自我教育方式。这样的判断，其实受启于德国教育家第斯多惠的观点："凡是不能自我发展、自我培养和自我教育的人，同样也不能发展、培养、教育别人。教师只有先受教育，才能在一定程度上教育别人。"事实上，任何一种教育，最终的目的都是自我教育，甚至可以说，自我教育才是真正的教育。

对教师来说，通过阅读，或许更能获知生命的精微与丰富，获知教育的复杂与艰难。

不读书的教师，配不上自己的职业，更对不起班里的孩子。道理其实很简单：一个不喜欢读书的教师，怎么可能让孩子喜欢读书？一个从未有过愉快阅读体验的教师，该如何跟学生分享阅读的滋味，如何引导孩子进入美妙的阅读世界？

我始终相信：阅读能够拓宽我们的世界和视界。不读书的教师，他的世界必然狭窄，视界必然短浅；而喜欢阅读的教师，他的世界肯定更加敞亮，视界也更加辽阔。

喜欢阅读的教师，肯定能够带给孩子更广阔的世界，让孩子看到，除了教材、教辅、试卷、分数，生命中还有更广大、更美好的风景，孩子的生命气象也会因此更加宏大，精神境界也会更加开阔。

一个有着丰富阅读体验的教师，一个有着丰厚阅历见识的教师，或许更能胜任教育者的工作，更能配得上"教书人"这一称谓。所以，我特别喜欢这样的表达：要做教书人，先做读书人，或者说，做好读书人，再做教书人。

阅读虽然不能解决物质温饱，但能解决精神温饱。我发现：那些喜欢阅读的教师，就算比一般教师更辛苦，他们的心态也往往很好，幸福指数往往较高。而那些没有阅读习惯的教师，心理容易不平衡，难免有很多的抱怨、指责、哀叹。

我一直坚信：优秀教师与一般教师的区别，主要在于他们是否读书、读什么样的书以及怎样读书。向着一本本书走去，既是教师应有的姿势，也是教师最美好的姿势。

有人说，这世界上有三样东西是别人抢不走的：一是吃进胃里的食物，二是藏在心中的梦想，三是读进大脑的书。其实，还有一样东西也是别人抢不走的，那就是读书后我们所写下的文字。不管过多少年，翻开曾经的记录，我们可能仍会想起曾经读过的那些书，仍会记得曾经有过那样的阅读时光。

在我看来，读与写，其实是一体两面、互为依存的。所以，读与写，就是教师精神生活的呼吸与吐纳。阅读是吸，写作是呼；阅读是纳，写作是吐。一个人，如果没有生理意义的呼吸和吐纳，往往意味着身体的死亡；如果没有心理意义的呼吸和吐纳，则可能意味着心灵的死亡。一个教师，如果不读书也不写作，他的生命状态就可能停滞不前，他的专业发展也会是死水一潭。

歌德曾经说："永恒之女性，引导我们上升。"对教师的成长，我更愿意说：持续的读写，引导我们上升。

谈论教师阅读的时候，张文质先生曾说，阅读是为己之学。这里的"为己之学"，显然用的是古义："古之学者为己，今之学者为人。"后来有一次，讲到教育写作，我无意间跟他做了互动和应和：写作是向上之路。这种说法感觉还是有些道理，只是我很犹豫，是"向上"好，还是"向善"好呢？

作为写作者的教师

做教师培训工作20多年，我反复讲一个观点："读写思行是教师成长的必由之路。"教师是行动者，行动必然建立在思考上，思考其实是一种内在的写作，写作就是思考的外化。好的教师，既是积极的行动者，也是用心的思考者，既是主动的阅读者，也是认真的写作者。所以，无论是做"知行社"，还是办"教育行走"，我都特别强调阅读和写作。2015年，我为"教育行走"拟的主题句就是"行走拓宽世界，读写重建心灵"。之所以说"读写重建心灵"，是因为我觉得，教师成长，必须"从心开始"，而阅读和写作，能够帮助教师重建心灵世界和生活世界。

写作中的天赋与勤奋

做任何事，天赋都是重要的。天赋，就是上天赋予的。用老话说，老天赏了这碗饭，你才能吃这碗饭。按加德纳的说法，这叫多元智能。每个人，哪怕是聋哑人，都有"言语语言智能"，只不过，有的显在，有的潜在，就像有的人伶牙俐齿，言语里处处机锋，有的人虽然平常木讷，笨嘴拙舌，某些特殊情况下，也能出惊人之语——"潜在"的智能就表现出来了。

有个成语叫"道听途说"，道路上听到，道路上就说了，为什么？他忍不住啊，这就是表达的欲望。人的嘴巴，除吃饭外，最重要的就是表达，跟人交流、分享。一个人怀揣着"不能说的秘密"，会非常难受，甚至痛苦。说，就是口头写作；写，不过是把嘴换成了笔，把说的东西从口头搬到了纸面上。

人的写作天赋，肯定有高有低。天赋高的，信手拈来，出口成章，涉笔成趣；天赋低的，就要笨鸟先飞，笨鸟多飞，"天赋不够，勤奋来凑"。写作这件事，除极少数"天才"外，大多数人，还是要"多读多想多写"，才可能做得好的。

就我而言，作为写作的"老油条"，我的"写龄"可从高中算起。那时发表的文章，都是小情小调的东西，与教育没什么关系。写法也是"文学性"的，爱抒情，爱感叹，矫揉造作，无病呻吟，"为赋新词强说愁"。有很多年，我都是这样的"文学爱好者"，后来还混进了作家协会，成天接触的，不是诗歌，就是小说，不是散文，就是随笔。

真正开始教育写作，是最近十来年。我写的随笔和时评较多，大多是"问题写作"，针对具体问题，谈自己的理解和看法。后来，我开始专题和主题写作，最重要的作品，就是从禅宗的角度谈教育，写了两本书，探讨"美好教育的可能"，关注教师的专业成长，尤其是心灵成长。

有读者看过我以前的散文，说我是被教育耽误了的散文家，但我不这样看。文学，只是我的爱好，教育，才是我的本职，写教育，自然也是我的本分。说实话，文学创作方面，我自认是"天赋不够，勤奋来凑"的，但是，当我以"文学爱好者"的身份转入（或者说回归）教育写作，比起很多老师，我在语言上就得了先机，感觉上也占了先手。现在看，当初未成气候的"文学创作"经历，至少让我在语言和感觉两个方面，完成了"原始积累"。这让我在开始教育写作时，比一般老师，多了些从容和讲究。

我们要相信，每个人都是"潜在的写作者"。每个人对生活和世界，都会有自己的感受、发现和理解，都会有表达的本能和冲动。天道酬勤，只要坚持不懈，在写作这件事上，终会"守得云开见月明"。

写作不能教会，只能"学会"

写作是否有方法可寻？答案是肯定的。万物都有规律，万事亦有方法，写作也"有法可依"，甚至有套路。"套路"这种说法，可能格局不大，境界不高，但套路也是一种路，成套的路数。所谓成套，既含着前人的经验，也包括运用的成熟。"赋比兴"是"套路"，"凤头猪肚豹尾"也是"套路"，遣词造句、起承转合，都有"套路"。

画画要临摹，写作要模仿，套路，其实是初学写作者的必由之路。就像每个新入职的教师，都要经历"入格""合格""出格"的过程，每个写作者，在起步阶段，也必然面临"入套""合套""出套"的路数。

只不过，就像"入套"只是手段，"出套"才是目的；就写作而言，"得法"也只是手段，"用法"才是目的。方法总是简单的，有限的，用法的变化，却丰富无穷。大家都熟悉"教学有法，教无定法"的说法，套用一下就是"写作有法，写无定法"。

所以我说，写作可以学，但没法教。或者说，写作是教不会的，只能学会。这个"会"，不是"学得"的，而是"习得"的。不是看写作教材，而是读前贤经典，或自己特别喜欢的作品，静心面对，认真揣摩，慢慢体悟。阅读讲究"语感"，对语言的感觉，写作更需要"语感"，词语的奥妙，句法的讲究，语气和标点的选择，都要慢慢品味。

在"写作课"上，你能"学得"的，只是招数，或套路，浅表的皮毛；自己"习得"的，才是真正的内功。而且，写作是创造性的事，创造性是不可能教会的。同样的主题，不同人有不同写法；同样的题材，不同人有不同处理。学写作，不只是看别人如何处理和写作，更要琢磨自己如何处理和写作，谁都代替不了你，谁都不可能教你。就是真正的作家开"写作课"，顶多也只能讲他自己如何处理，比他更厉害的作家如何写作，这些都只是"普遍经验"；他讲得再头头是道，津津有味，也没法帮你处理，更不可能替你写作。

当然，我这里说的"写作"，是真正的写作，不是"写作文"。作文是可以教的，作文的写法也能学得会，但是真正的作品，只能靠自己创作和创造。生活是写作的源泉，教师最重要的生活是教育教学。张文质先生认为，写作是"教师的通用能力"，我的理解，这种"通用"，除不分年段、学科的通用外，还有"一通百通"的意味：做得精彩，往往就能写得精彩，写得精彩，其实也需要做得精彩。显然，教师做好本分工作，既有益于专业写作，也能实现专业成长。

说得夸张点：一个连写文章都不怕的教师，还会怕做其他麻烦事情吗？一个连文章都能写得好的教师，还能做不好其他事情吗？

教育写作中的"痛难点"

在教育写作中，有的老师能够把教育事件写得波澜起伏，有的却只能写得平淡无奇。其实，这与各自的禀性和天分有关，也与各自的眼界和识见有关，更与每个人的套路和习惯有关……这些细节之处，既是写作的难度所在，也是写作的魅力所在：想想，同样的三五千常用汉字，通过不同人的不同组合，便成就了世间那么多美文佳作，这是多么神奇而有意思的事情。

事实上，教育写作大多是讲故事，故事能否讲得精彩，扣人心弦，肯定与"讲者"的能力有关，但也与故事本身的"质地"有关。讲故事，需要悬念、巧合、逆转、奇迹，但是很遗憾，教育故事，天生缺乏这些元素。我曾经说，生活中没那么多"故事"，更多的是"事故"。教育更是如此，没什么波澜壮阔，而只有水波不兴，甚至"一地鸡毛"。日常的教育生活，是平淡的，教育写作，最重要的意义和价值，就是尺水兴波，发现和呈现日常工作的"平淡之奇"。

一个写作者，难免会有很多心潮澎湃、思绪纷纭的时候，满脑袋灵感飞舞，满肚皮辞藻涌动，觉得想说的很多，可写的很多，但真正落笔，又会面临"选择性困难"。解决的方法只有一个，取舍——取一个，舍其他。取的标准：一是最值得说道的，"值得说道"就是价值；二是最有感觉和把握的，自己把握得住，驾驭得了；三是尽量避开"常规""常见"，从不一样的角度入手，在不一样的层面展开，所谓"见人之所未见，言人之所未言"。这样的取舍，或许并非"最核心"，但至少有自己的"中心"和"重心"。有了"重心"，就能不失偏颇；有了"中心"，就能不蔓不枝。写作最忌讳的是面面俱到，浮光掠影。"伤其十指，不如断其一指"，针对一点，说深说透，往往更有价值。

　　此外，在我看来，写作最难的，莫过于"如何开始"和"怎样坚持"。万事开头难，写作更是如此，最重要的是，先写起来，再坚持下去。在动笔前，要先想好，想深，想透——这个"想"，除思考外，还有想象：想象开头结尾，想象起承转合，想象格调句式，想象文章成型的样子。这就是"打腹稿"，腹稿既成，接下来的写作，不过是一种抄录和誊写。写了上句，再写下句，写了这篇，再写下篇。高手的写作，看起来举重若轻，但所有举重若轻背后，其实都有着长期操练的过程。如果写了很多，但普遍"质量不高"，高产低效，这可能就与"精品意识"的缺失有关。只想着"有作品"，没想过"出精品"。原因当然有很多，意识不够之外，可能也包括能力不逮、眼力不济：能力低，自然驾驭不好题材，驯服不了语言；眼力差，分辨不出真正的好坏，常会以为自己所见，就是最好的。解决这些难点和痛点，唯一的办法，就是"三多"：多读、多想、多写。

当然，所有经验，都是个体的，不具有普遍意义。写作就像带孩子，你很难复制别人的成功经验，也不太可能有"放之四海而皆准"的标准答案。最重要的，还是自己的体会和感悟。

"伪写作"与"真写作"

做人有真伪，写作自然也有真伪。那么，什么是"真写作"？什么又是"伪写作"呢？

古人云："为文先为人。"真人不说假话，真人也不写假文。所以，我的理解是：真写作，就是真情真性真知真见；伪写作，就是假模假样假腔假调。

无论是教师还是学生，"伪写作"的根本原因，是在"为写作而写作"，不是真正想写，而是不得不写：为交差，为应付，为"写作"以外的其他原因"硬写"。比如说，教师为评职晋级而写的"职称论文"，在我看来就是"伪写作"。

还有那些为"应景"和"应查"而写的文章，百分之百也属于"伪写作"。比如，某些特殊日子的"征文"，听了某个报告后的"感言"，看了某些电影和书籍后的"体会"……有的人可能没感觉，偏要说收获，自然只能说假话，胡编乱造。再比如，老师常常给学生安排的"假期生活二三事"、"寒假见闻"和"研学心得"等任务，有些学生并没有多少感悟，却要写一篇文章，故而只能说假话、"伪写作"。

那么，怎样才能从"伪写作"走向真实的写作呢？我曾创造过一个比喻，写作就是打喷嚏。按科学的说法，打喷嚏，是因为鼻黏膜受刺激，而打喷嚏本身，也是排泄体内细菌的方式。写作也要"受刺激"，写的过程，就是情感宣泄的过程。真实的写作，就像打喷嚏，真正受了刺激，这叫"有感而发"；受了刺激，非得写出来才畅快，就像非得打完喷嚏了才舒服，这叫"不得不发"。没受刺激，很难打喷嚏，所以我曾说，你可以假装打呵欠，但不能假装打喷嚏，装不像的。

除开感冒者，容易打喷嚏的人，往往更敏感。我觉得，敏感的人，更容易有灵感。如果说生活是写作的源泉，灵感就是写作的"原点"。要想有更多灵感，就要有更高的敏感——对社会、对人生、对世相、对教育，有更敏锐的感觉，更敏捷的感知，自然就会有更多的不吐不快、非喷不可的时候，这样更容易"言为心声"，成就真正的写作。

教师的写作源泉，多为教育生活，脱不开学校、班级、学生、家长等元素，免不了爱人、儿女、父母等要素——这些"存在状态"，影响了教师的"情感样态"，决定了教师的"写作型态"。从"情感样态"说，必然包含"喜怒哀乐惊忧惧"，奇怪的是，教师的写作，往往流于甜蜜，甚至甜腻。酸甜苦辣咸，五味俱陈，才是真的生活。但教师的写作中，有意无意地"遮蔽"了很多好。所以我觉得，要说真实的写作，至少应该更丰盈、更深邃、更幽微、更深刻，甚至更尖锐；至少，除了和谐和融洽，还应当有对立和冲突；除了快乐和幸福，还应当有忧思和悲愤；除了感动和感激，还应当有感伤和感叹……

教育是美好的，教育也是复杂、艰难的。真实的教育写作，应该指向美好，但必须建立在真实的基础上，不夸大、"不虚美"、"不隐恶"——不夸大教育的力量，"不虚美"教师的行为，"不隐恶"人性的复杂。教育写作，应该更真切、更深刻、更慈悲，就像我所喜欢的话："看见更结实的苦难，而不夸大自己的苦难；知晓更辽阔的真相，而不炫耀自己的荣光……"

惟其如此，才会有真实的写作。惟其如此，才会有真正的写作。

教育写作的意义与价值

　　无论对教育来说，还是对教师而言，没有写作，都是难以想象的。尽管孔子曾说，他是"述而不作，信而好古"，但我们在追念他时，仍要感谢一下他的弟子们，如果没有他们整理记录的《论语》，我们可能就会与孔子这位伟大的教育家擦肩而过。

　　论坛、博客、微博、微信、说说、短信……互联网时代，我们每个人都处于"信息化生存"之中。我们的情绪起伏、思路延伸、考量结果，莫不是通过文字的记录和传播成为"信息"的。美国教育家韦斯特说，在信息社会，写作，包围着你。

　　作为教师，我们对教育和教学信息的选择、处理、加工、使用和创造，也是一种写作。换言之，对信息时代的教师而言，写作就是工作，写作就是教育生活中最重要的行走方式之一。从教师成长的维度看，专业写作有着更深刻的意义。

用写作记录我们的教育生活

"活过、爱过、写过"——据说这是法国作家司汤达的墓志铭。这六个字,很好地概括了司汤达的一生。树用年轮记录沧桑,我们人类又该用什么记录曾经的岁月和时光呢?答案是文字,因为文字比人的生命更长久。风会吹走声音,雨会冲淡印记,但是白纸黑字能一直保存我们的曾经,这是文字的价值,也是写作的价值。

对教师而言,专业写作就是对自己教育生活的记录和刻写。从站上讲台到离开校园,每个教师可能会讲数千以至上万堂课,第一堂课和最后一堂课、公开课和日常课、随意的课和精心准备的课,这些课肯定不一样。无论是教育方式还是教学方法,无论是教学过程还是经验得失,都不可能全然相同。记下它们,就是记录我们的曾经,记录我们的教育生命。我时常想,如果没有这样的记录,我们用什么来证明自己曾经站在讲台上过那么多课?我们用什么来证明自己曾有过那么多岁月教过那么多学生?

而一个喜欢写作的教师,最大的幸福就在于无论时光怎样走远,他都能够让往事在文字中永存,让生命在词语中重现。所以,我特别喜欢佩索阿说的"写下就是永恒"。虽然我们的一切可能很快就会消失,但文字的记录一旦形成,它在某种意义上就成了永恒。

用写作激发我们的职业激情

尽管"审美疲劳"是人的天性和共性,但是今天,职业倦怠更多地出现在教师群体中，一谈到专业成长，对教师也往往是诸多要求。在考量教师的职业状态时，我始终觉得：沦陷于繁杂以至繁琐的事务、满足于平静以至平庸的状态、不愿意主动探究和创造，这些是教师职业倦怠的核心原因。熟悉的地方没有风景，机械的操作不可能产生奇迹和惊喜。

或许正因如此，苏霍姆林斯基曾说，教师"要永远处在一种丰富的、有意义的、多方面的精神生活中"。构建教师"精神生活"大厦的要素，至少应当包括：不断探索的动能、主动阅读的热情、持续反思的习惯、坚持写作的毅力。此外，教师还应当有情趣丰富的业余生活，开阔敞朗的内心世界，与孩子一起编织梦想、书写生命叙事的职业激情。

在我所接触的教师中，那些始终保有阅读习惯的人，他们的内心世界往往更为敞亮；那些始终坚持写作记录的人，他们的精神生活往往更为丰富。写作，能够让我们把自己从生活的泥淖中抽取出来，让自己的生活成为我们观照和审视的对象。这种观照和审视，会让我们原本熟悉的场景不断"陌生化"，会让我们每天走在"未知的路上"。那么，纷至沓来的风景和不期而至的惊喜，在激发我们兴趣的同时，砥砺我们前行；在开阔我们视野的同时，提升我们的工作质效；在让我们获得成就感和归宿感的同时，更加具有欣悦感和自豪感。

用写作矫正我们的专业行为

教育是复杂的事业，既需要我们有赤诚的专业情怀，也需要我们有明晰的专业理性。如果说情怀来自我们的涵养和修炼，理性则来自我们的思考和发现。写作，是思考的重要工具，也是思考的重要载体。或者说，写作就是思考，思考带来提高。

我们每个人的专业成长，必然建立在对既有经验的反思和梳理的基础上，建立在对现实问题的研究和解决的基础上，建立在对未来生活的发现和展望的基础上。写作的过程，既是建立经验的过程，也是发掘意义的过程；既是梳理历史的过程，也是开创未来的过程。在不断书写的过程中，我们既能对自己的专业经验进行更为客观、冷静的审视，又能对自己的专业行为进行不断矫正和改变。

最为重要的是，我们能通过书写，不断赋予生活以新的意义，不断赋予工作以新的价值，不断完善我们的专业认知，不断提升我们的专业能力。在阅读苏霍姆林斯基时，我曾深有感触。在献身教育的35年生命历程里，苏霍姆林斯基始终持之以恒地探索，孜孜不倦地写作。除了我们知道的40多部教育专著、600多篇教学论文以及约1200篇儿童小故事，他还写下了3700多份观察笔记，记录了几千名学生的成长档案。有时我甚至觉得，就凭着这3700多份记录，他就应该成为苏霍姆林斯基。写作成就了这样伟大的教育家。

用写作拓展我们的心灵疆界

我们每个人都有一个世界，如果能够不断行走，无论是用脚，还是用笔，都能不断丰富我们的生活世界，不断拓展我们的精神疆界。文章能走多远，人就能走多远。声音能比我们的身体走得更远，灵魂能比我们的肉体飞得更高。在"眼前"这个庞大的世界里，我们很难延展自己的生命长度，但可以增加自己的生活高度，丰盈和延展自己的生命宽度和厚度。阅读和写作，就是最好的方式。通过白纸黑字，我们可以在过去和未来之间穿行，可以同时抵达此间和远方。对写作者来说，在对此间的留恋和对远方的牵挂中，我们的精神疆界被无形拓展和加高。

我时常觉得，一个没有写作的教师，他所有的生活，可能就是眼前的一切。他的生活范围，可能就是一所小小的学校、一块小小的区域；他的生活伴侣，可能就是有限的一些同事、身边不多的几位朋友。没有辽远的牵挂和关怀，他的世界往往逼仄而压抑，他的生命也往往单调而沉闷。而一个习惯写作的教师，总会有更辽阔的远方、更丰富的念想，这样的念想和远方，正是他经由写作拓展出的心灵意义上的"势力范围"。

用写作调养我们的精神面相

"写"为心声。罗马尼亚哲学家齐奥朗曾说："写作便是释放自己的懊悔和积怨，倾吐自己的秘密。"多年来不懈地记录和写作，让我深切感觉到，写作，其实就是对自己生活的回顾和反思，是对内心的清洗和过滤。

古人说，相由心生，境由心造。以我的理解，写作在改变我们内心世界的同时，也在调养着我们的精神面相。我的朋友严中慧坚持教育写作已有五年，谈到教育写作的意义，她认为写作就像是一种清洗工作，一点点地洗去污垢、洗去沉积已久的一些晦暗。她说，因为要写美好的文字出来，自己的行为也会变得更加美丽一些。在某种意义上，文字也是一面镜子，总是揽镜自顾的人会有一种悠久的自爱，总是书写文字的人会有一种悠久的慎行。

我曾说：想得美才能活得美，写得好就能做得好。当然，前提是我们不仅要写，还要像所写的那样去生活。一个喜欢写作的教师，如果想让自己的文字时常充满鲜活的内容，体现全新的进步，就要不断改变自己的教育行为。正如我喜欢说的两句话：做得精彩，才能活得精彩；活得精彩，才能写得精彩。

加拿大教育学者马克斯·范梅南认为："写作是某种自我制造或自我塑造。"经由这样的制造或塑造，我们在写作中不断得到重生。

用写作改变中国的教育面貌

说到中国教育，很多时候我们都会感觉概念宏大、任务艰巨。但我认为，我们所写下的每个词语、每个句子，可能都是对中国教育现实和历史的一种影响和改变。我始终觉得，中国的教育史，应当有两种版本：官方版和民间版，或者说集体版和个体版。朱永新先生曾说，一个教师的专业写作史，就是他的教育史。而整个中国的教育史，正是由我们每个教师的教育史构成的。

我们都知道，教育影响千家万户，教育关涉千秋万代。这样的说法，看起来是"宏大叙事"，实际上也确实如此。你教好一个孩子，可能就会影响一个家庭、一个小区，甚至你教好一个孩子，可能会影响到他以后教育孩子的态度，从而影响到民族未来的素质。

就写作者而言，我们所写下的每个词语和句子，都可能影响自己的感受和心情，改变我们对教育的理解和态度。当这些文字被我们的朋友看到，被远方的同人看到，就可能影响他们的感受和心情，改变他们对教育的理解和态度。如果有更多教师受到这样的影响，得到这样的改变，我相信，中国教育的面貌肯定会变得更加美好，中国教育的历史也会变得更加美好。

成为学生最重要的读本

　　课程改革刚开始时，曾有一组很重要的概念："教教材"与"用教材教"。

　　按课改专家的说法，绝大多数的老师以前都只是"教教材"，他们的课堂主要是完成对教材的诠释，对教材内容的讲授和传递。课改后，教师应当转变到"用教材教"。这其实是回到叶圣陶先生当年的说法：教材无非是个例子，解读教材，传递知识，都不是目的，通过知识形成能力，这才是教学的根本。

　　细想来，的确如此。但这种"转变"，其实不能一概而论，而应有所区分。

　　比如说，学生学习"教材"的文本多少会有一定的难度，"教"在这时就成了一种必然。就像我们在"举例"后，总得有所说明，有所阐释。

　　在我看来，真正的教学，其实是先"教教材"，让学生熟悉、理解，再"用教材教"，最终完成育人的目的，二者不可偏废，不能因课改而断然否决和舍弃教材的作用。

所谓的"用教材教"，不过是说，教师对教材的使用不可拘泥，更不可刻板。教师必须以自己理性的眼光，大胆取舍，适度替换。这其实就是"驾驭教材"，或者说对教材的"创造性使用"。这似乎也正是吴非先生说的"不跪着教书"的一个方面。可惜，尽管课改已经十多年了，还是有不少教师只能按部就班地"教教材"，心甘情愿地奉教材为圭臬，做教材的奴隶。这样的教师多了，教育自然难以创新，也难以培养创造性人才。

课改之初，我还有一个主张：教师是最重要的课程资源。不过被专家们占了先。

谈到课程资源时，专家们列举了一大串：教科书不是唯一的课程资源，教师是最重要的课程资源，学生也是宝贵的课程资源，环境是丰富多彩的课程资源，家长是不可替代的课程资源等。这也重要，那也重要，结果却是：每一个都"重"，每个人都不知道该怎么"要"。

在分析教师作为"最重要"的课程资源时，专家们更多地只谈到教师在鉴别、开发、积累和利用课程资源方面的意义。比如说，要做教科书的主人，要充分利用学生资源，要能够因地制宜、就地取材等。但我以为，这还不够，因为在专家们说的这些话中，教师只是载体，教师本体的概念并未被体现出来。

我想说的是：教师本身，或本人，就是最重要的课程资源。

更确切地说，教师应该努力成为学生最重要的读本。教师的个人能力、学术素养、人格魅力、价值观和审美情趣等，都应当成为可供学生学习、研究的最重要的教材之一。

过去，谈到语文教师的职责时，我不止一次说，重要的不在于给学生教授知识，而在于陶冶他们的情操，引领他们的灵魂。我说："语文教师，应该为学生打下精神的底子，应该成为对学生未来生活影响最大的人。"

现在我想说，所有教师，都应当努力成为这样的人。

教师的天职是为人师表。所谓的"为人师表"：一为"经师"，传授知识；二为"人师"，教学生做人。"学高为师，身正为范"。在学校教育（尤其是在中小学教育）中，学生模仿力强，"向师性""从师性"特征明显。他们总是把教师视若权威、奉作典范。这就意味着：学生的学习，首先是建立在对教师本人的相信、依赖的基础上的。亲其师才能行其道，敬其师才能信其理。优秀的教师，往往是学生成长道路上的楷模和导师。

作为人类文明薪火相传的一种方式，教育本身就是一种人文影响，一种情志贯通。教师在以自己的学术知识培养学生才智的同时，自己的言行举止也在潜移默化地影响着学生。这就要求教师不仅要有较高的专业知识水平，还要有高尚健全的人格力量。而教师的人格力量，来自自身学术水平和道德情操的完美统一。

在这里，学术水平是重要的，但道德情操更为重要。但丁说过，道德可以弥补学识的不足，但道德方面的缺陷，是再高深、再渊博的学识也无法弥补的。

专业知识水平的提高，离不开自己不断地学习；道德情操的提升，离不开自身不断地修炼。尤其是在今天这种学习型社会，教师更应当不断努力，使自己的每一个今天都比昨天有进步，使自己的每一个明天都比今天有进步。

美国教育学者帕克·帕尔默教育思想的核心之一是教师的"自身完整"，这是其教育哲学思考的出发点。不断完整自我、完善自我，是教师这个职业的根本。人，本质上是精神性的。所以，自我的完整主要是精神意义上的，是自身的一种追求，一种选择，一种精神或心灵的品性和力量。说得更直接些，"自身完整"就是教师的自身修炼、自我提高。

有人问于永正当了特级教师后，最大的感受是什么？他说，最大的感受是觉得自己应该是一本写着一个大大的"人"字的教科书。他认为，当学生用稚嫩的小手轻轻地翻开课本的第一页时，也就翻开了"老师"这本书的第一页。所以，他总是要求自己，一方面不断地写上新的内容，另一方面不断地修改过去已经写就的内容，并时刻从"学"和"身"这两个方面写好自己这本书。

沈从文在湘西读书时，总是想方设法逃学，去看下棋看打拳看骂架……但是在《从文自传》中谈及那段经历时，他却说"我读一本小书的同时又读一本大书"。他所说的小书，是指书本、课堂；大书，则是指自然、社会和生活。读一本好书，就像和一个高尚的人谈话，和一个高尚的人谈话，何尝不是在读一卷好书？

对于学生而言，他们首先是在学校学习课本上的知识，但他们同时也在学习着传授知识的人，他们所读的大书首先就是我们教师。

读小书可以改变学生的大脑，读大书则能塑造学生的心灵。当然，这一理想的前提应该是，无论大书、小书，都应当是值得一读再读的好书。

我们都应该有过买书、读书的经历。若是从书店里买回一本值得品读的好书，那感觉绝对是舒服的！若是买回后才发现不堪卒读，那感觉会是多么糟糕！

因此我想说，教师应当努力修炼自己，不断完整自我，让自己成为值得学生认真学习、反复研读，并能从中受到教益和影响的一本好书。至少，我们不能成为一本浅薄的书、一本无用的书，更不能成为一本糟粕之书、害人之书。

觉者为师：关于教育的随想

我喜欢把教育看成一次漫长而艰辛的旅程，每个教师都是路上的行者。决定旅途质量的，不是终点，而是过程，是过程中那无边无际的风景。有时，可能是难以预料的艰难和痛苦；有时，则可能是不曾想过的美丽和幸福。

爱是教育的灵魂，是教育的原点。它的重要程度或许可以套用一个说法：爱不是万能的，但没有爱是万万不能的。不过，仅有这样一句话还不够；或者说，仅有爱也是不够的。我们至少应当继续思考：我们是否有给孩子爱的能力？我们能给孩子怎样的爱？我们该给孩子怎样的爱？我们该怎样给孩子爱？我们会不会给孩子爱？这些问题不弄清楚、想透彻，爱越多，越可能泛滥成灾。

德国作家凯斯特纳在《开学致辞》里曾说："只有长大成人并保持童心的人，才是真正的人！"一般来说，这话肯定有些绝对，但是用来做一个"翻版式引申"应该没有问题——只有长大成人并保持童心的人，才可能成为真正的优秀教师。尤其是在小学阶段，我认为，教师最重要的素质，第一是童心，第二是童心，第三还是童心！

善良、宽忍、慈爱，这是一切教育行为的前提，也应当是所有教育活动的终极目的。为此，我始终坚信，教给孩子"对付世界"的方法，远不如教给他们"对待世界"的态度重要。

信任是教育的起点。有信任，才会有喜欢、热爱、尊重。如果一个教师，说法总是朝令夕改，情绪总是反复无常，学生时时以怀疑和猜忌的眼光看他，怎么可能还会相信他的言行、他的为人、他所传授的知识？亲其师才能信其道。这样的教师，学生对他连基本的信任感都没有，自然不可能会喜欢他，他在学生心中也不可能有所谓的威信和威望。

对新教师来说，如何得到学生的喜欢和热爱，是一个必须时时放在心上的问题。能否时时思考并努力解决这一问题，有时甚至可以作为评判教师是否优秀的标准之一。可惜，大多数时候，教师都只关注自己而忽略了学生。只有关注学生，才能赢得学生的喜欢；只有热爱学生，才可能获得学生的热爱。这是简单的道理，却也是教育的真理。

武侯祠里有一副四字名联，可作为教育者的"禅"。常想，常有所悟，一旦有所悟，可能真会有当头棒喝、醍醐灌顶的效用。那四个字是："宽严皆误"——何时宽，何时严，宽到什么程度，严到何种地步，这些都需要我们教育工作者，尤其是教育行为的具体实施者，去"审势""深思"，顺势而为。

作为教师，必须时时提醒自己：我们所面对的是孩子，是活生生的人，对生活，他们有自己的体验和感受，对世界，他们有自己的认知和判断。理解他们，尊重他们，才能真正引导他们、教育他们。只有这样，我们的预设才可能成功，我们的生成才可能精彩，我们的教学也才可能有效。

教育是智慧的事业，教师必须具有教育机智。但这种机智，并非随心所欲的"灵机一动"，而是教师不断的经验总结——在谙熟学生年龄和个性特点的前提下，面对突发事件时的"临场智慧"。"临场智慧"的前提是"生命在场"，生命在场，才可能心明眼亮，时时发现和捕捉教育契机。生命不在场，肯定心不在焉，再多的教育机会，也发现不了，把握不住，所谓的"教育机智"，自然无从谈起。

学生对教师的态度里，我更倾向于"喜欢"和"敬畏"。教师的尊严来自课堂，来自内在的教学实力。教师的威信，不是靠摆架子、绷面子得来的，而是由课堂效益和学生评价树立起来的。真正有能力、有魅力的教师，往往能够"不怒自威"。面带微笑，却能让人勉力而行；轻言细语，却能让人心存敬畏。因喜欢而不愿辜负，因敬畏而尊重听从，教师若能给学生这样的感觉，我相信那一定会是极美好的境界、极美好的状态。

激情是一个人走向成功的动力。无论做什么事，没有激情，便难有持续的毅力，也难有面对挫折时的振奋。对教师来说，只有激情才能真正引领学生走向深入的学习。甚至可以说，激情，既是全身心投入教学的前提，也是全身心投入教学的标志。没有激情，就不可能有师生的深切投入，自然也不可能有心灵的交汇、观念的碰撞和智慧的生发。

教师不是圣人，但在社会期望中，教师几近"圣人"。博学多才、言行得体、举止优雅、仪态端庄，在人们心目中，教师形象多半如此。这要求不低，但也不算多么苛刻，因为，教师本应如此。试想，若一个教师无德无能、言行粗鲁、举止不堪、行为不端，该让多少家长失望？该让多少孩子担心？或许正因如此，人们才给教师以"万世师表"的定位。

教育是伟大而艰辛的事业，但"天下难事必作于易，天下大事必作于细"，所以，教育应当从小处着手，从细节着眼，从容易教育的地方着力。教育，既要关注长远，更要关注眼前；既要关注全局和宏观，更要关注局部和细节。

面对世界，我们时常感叹：有想法，没办法。感叹久了，便连想法也不会有了。也许我们并不觉得可悲，但我还是想说：一个连想法都没有的人，上帝都拿他没办法——因为，上帝都不知道应该让他更好，还是让他更坏。

关于教师的职责，韩愈说"传道受业解惑"。但是，"道"也有不同层面：有经书上的道，也有生活中的道；有教材里的道，也有实践中的道。学生所学，或者说教师所传的"道"，应是源自生活，来自实践。尽管最终的载体是书本、教材，但绝不可只通过书本、教材去教。引导孩子将书本上、教材里的"道"还原到生活中去，在实践中思考、探索、践行、验证，这才是至关重要的。

我愿意相信：课堂教学的广度，取决于教师教学视野的广度；课堂教学的深度，取决于教师教育思想的深度；课堂教学的高度，取决于教师教育学养的高度；课堂教学的厚度，取决于教师文化积淀的厚度。

没有教不好的孩子，只有教不好的老师。从纯理论角度看，这话也许有道理。但事实上，教育不是万能的，教师更不是。面对门徒，孔圣人尚且感叹："朽木不可雕也，粪土之墙不可圬也。"何况我们一般教师？

一把钥匙开一把锁。这句话至少包含两层意思：所有锁都能被钥匙打开；要打开某把锁，必须找准能开锁的钥匙。有则寓言说：铁棒费尽九牛二虎之力也撬不开锁，钥匙却轻轻一下就打开了。铁棒问："这是为什么呢？"钥匙回答："很简单，因为我懂得锁的心。"教育跟开锁是一样的道理：要懂得学生的心，才能实施具体的行为。教育的过程，就是寻找合适的钥匙的过程。每个人的心，都像上了锁的门，再粗的铁棒都难以撬开。但是，如果能拥有一把细腻、温暖、充满关怀意味的钥匙，你就可以顺利地进入学生的心。

教育，就是觉悟的过程，是学生在教师的引领下，由迷惑到明白、由模糊到清晰的过程。人的成长，就是与自然和社会，与他人和自己发生关系的过程。人总会有困惑，有迷茫，唯有觉悟之人，才能自我觉醒，由迷惑到明白，由模糊到清楚，认识自然，了解社会，理解他人，体谅自己，最终获得幸福的生活。就此而言，教师应当努力成为"觉悟的人"，进而引领学生成为"觉悟的人"。

理论是要被接受才能成为自己的，就像食物必须经过消化，才能被吸收为营养。方法的得来（尤其是有用的办法的得来），很多时候并不是他人所能告知或传授的，只能在自己的实践和行动中摸索、发现、总结、归纳、整理。所谓的"事非经过不知难"。教的方法、学的方法，人类生活的种种方法，莫不如此。就仿佛：一个侠客得到再好的武功秘籍，若不加以操作和演练，秘籍就永远都只是秘籍，而不可能成为个体的功夫。

对教师的成长而言，技术、技巧只能是一时的依凭。如果不是建立在爱和尊重的基础上，一切的技术和技巧对于教育行为而言，都可能百弊而无一利。如果这样的东西成了通用的法则，成了让人津津乐道、趋之若鹜的"兵法""宝典"，请允许我对这样的教育技术和技巧表示真正的担忧。

面对名师，我们常常自叹弗如、自愧不及，总觉得他们遥不可及、高不可攀，只能仰视或远观。但是我觉得，在教师的精神世界中，应该有这样的标杆和远方，它至少可以提醒我们，应该向着高处走走，向着远方走走。在前行的时候，因为有标杆和远方的存在，我们或许不会感觉到那么孤单。

教学需要情境，就像喝酒需要心境。这年头，吃什么、喝什么并不重要，重要的是，和谁一起吃，跟谁一起喝。有好的氛围，不想说话的人也会倾心诉说。有好的心境，不想喝酒的人也会开怀畅饮。有好的教学情境，不想学习的人也会激情满满地投身于学习。因此，我们应该考虑如何有效地创设情境，让孩子们心甘情愿地把知识的琼浆玉液喝下去。

对名师的课例，许多新教师都想模仿。模仿不是不可以，但对名师，不能仅止于模仿。齐白石说："学我者生，似我者死。"即是说，学习不是不可以，但若一味效仿，而不能创造性地运用、发挥，恐怕很难有好的效果。

教参只是教学的参考，绝不可以成为教师唯一的依赖。如果一个人只能用拐杖或助力车前进，那往往意味着他已经残疾了。如果教师离开教参就不能教书，或者顶多只会照本宣科，那至少说明：他在教书的问题上，是残疾人。

金庸的武侠小说里，总少不了一本武学秘籍。横贯江湖的一代宗师，莫不是参透并精习了秘籍的。对教师而言，如果说有秘籍，那应该是大师著作，教育经典。读经典，既能修炼上乘内功，也能锤炼独门绝招。

我们说，教师要研究学生、熟悉学生、充分了解学生。这就像相恋的人，要有一个相识、相知、相爱、组织家庭直至白头偕老的过程。这是相互理解、相互融合、相互支撑，同时需要用心去体味和呵护的过程。

朱永新先生说过，一个人的精神发育史，实质上就是一个人的阅读史，而一个民族的精神境界，在很大程度上取决于全民族的阅读水平。在一定意义上说，读书就意味着教育，甚至意味着学校。这话我深以为然，对于知识的传授者和习得者，我觉得每个教师、每个学生，都应当把读书作为自己的生活方式和精神皈依。

教师的成长，有三个"关键"：关键时间、关键人物、关键事件。但归根结底，还是人最重要。能遇到一个好老师，在学生时代，是幸福。能遇到一个真正爱你的人，在恋爱中，也是幸福。能遇到一个好领导，在工作中，更是幸福。对这样的"好人"，我们应当珍视、善待。就像鲁迅先生所说：人生得一知己足矣，斯世当以同怀视之。

有句话说："多做事多犯错，少做事少犯错，不做事不犯错。"还有句话说："大人物犯大错误，小人物犯小错误，不是个人物没错误。"话虽极端，却也有一定道理。刚进入教育领域的新教师，或置身新变革中的旧教师，总会遇到这样那样的问题，出现这样那样的错误，这是再正常不过的。但如果一直出现错误，甚至一直出现同样的错误，就不太正常了。学校不是实验室，学生不是试验品。生命的成长需要经历挫折，但不能容忍反复的磨折。

苏格拉底说："未经省察的人生是不值得过的。"省察的目的在于探索人生的意义，估量自己的人生价值。以前我常问学生三个问题：你想干什么？你能干什么？你该干什么？后来和同事交流，我也喜欢问三个问题：你现在处于什么位置？你想到哪里去？你该怎么走？我觉得，每一个人，每一个愿意清醒活着的人，每一个愿意不断成长进步的人，都应当认真思考这些问题。作为新教师，对此更应该有清晰的思考。

一个人的命运，其实很大程度上取决于他周围的人——跟什么样的人在一起，就会有什么样的生活，形成什么样的性格，最终，造就什么样的命运。教师的成长和发展，在很大程度上取决于有什么样的同伴。任何人都不是封闭的孤岛，也绝非自给自足的庄园。只有不断地与人交流、分享，才可能得到更多的帮助，才可能让自己做得更好。当然，这样的交流是相互的，由此而来的影响，也必然是相互的。如果你有更好的命运，自然会对周围人的命运形成或大或小的影响和改变。这就是我们常说的"共生、共进、共荣"。

教育的理想与现实之间的矛盾，是永远存在的。这似乎也是正常的事。如果理想和现实一样，那就不叫理想了；如果现实就是理想，也就没必要再追求什么了。我们所理想的，我们所希望实现的那个目标，悬在前边，就总有达到的时候。有梦就会有方向，有方向才知道该怎么行动。

身为教育中人，对教育的许多沉疴痼疾，我有着深刻的体验、清醒的认识，甚至切肤的痛憾。但对教育的未来，我仍有着坚实而温暖的期望，或者说理想。教育，本就是理想色彩浓厚的事业，我甚至说过，教育是人类"最后的乌托邦"。因为是"最后"，所以更为珍贵，也更值得我们坚持守望。

王国维说，世上有两种人：一种人关心的是平日里的生活小事、衣食住行等，即人怎样活着并活得更好；另一种人，关心的是生命的终极目标和意义，也就是人活着是为了什么。我觉得，作为教师，应当融以上两种人为一体，既关心物质生活，也关注心灵世界，而且在精神层面上应该更多一些。否则，精神气象和内心格局都不免狭小、逼仄。

教师要学生思考，总说"学而不思则罔"，可他们往往忘记了教而不思也会"罔"，甚至会更"罔"！教育的复杂，要求教师以思考为工具，去发现和解决问题，不断改进，不断优化。不思考必定一无所知、一无所得。勤思考必定问题多多、困惑多多、感悟多多、收获多多。就此而言，思考就是对教育的关注、对教育的热爱。"三思而后行"，再思而后精。只有不断思考，反复思考，才能有所创造，有所提高。

关于"已然"和"应然"，我打过一个比方：现在我们过着的生活是"已然"，工作很辛苦，工资低，条件艰苦，但我们都有对"应然"的期望，比如说希望未来不像现在这样辛苦，工资再高些，条件更好点。期望和盼头，既是活着的支撑，也是前进的动力。教育也是如此。今天的教育，有很多问题需要我们去面对和思考，尽己所能地去改变。作为教师，在面对"已然"时，我们更应该想想"应然",这样也许更能赋予我们工作的意义和价值。

很多教师，对有过失或过错的学生，惯常的态度是"理直气壮，义正词严"，其实这很有问题。一个总是显得"理直气壮，义正词严"的老师，在理不"直"、义不"严"的情况下，也容易习惯性地显得"气壮""词严"，甚至盛气凌人、强词夺理，因为他已经习惯了"气壮""词严"的攻击性态势。所以我觉得，最好的方式，应该是"理直气和，义正词婉"。

"每一位从事教育工作的人，都可以努力成为一名教育家，而不是教书匠。"这是袁振国先生的观点，我深以为然。当然，我也注意到，他接下来表达的意思："关键在于要有自己对教育独立的理解，有自己对教育的理想，有自己对教育的持久的追求，并逐渐形成自己的风格。"——独立的思想、坚定的理想、持续的行动、独特的风格，这四点，是每个不想只做教书匠的教师都应具备的素质。

教育是技术，更是艺术，是创造和发明。教育不是教师按照规定程序向学生灌输，而是必须因时、因地、因人、因事而宜。教育的智慧，正体现于面对不同情状时的思考与抉择。但遗憾的是，还有不少教师，书上怎么说，他就怎么教；学生怎么学，他就怎么讲；上级怎么评价和要求，他就怎么操作和执行：缺少对教育对象的理解，缺少对教育现象的关注，缺少对教育问题的追思，这样的教师，怎么可能真正用心于教育、用情于教育？

我知道，教育存在很多问题，改变也不可能一蹴而就。但我觉得，我们不能因为困难重重，就停止思考与行动。我说过：一个人的声音是微弱的，但众多的声音汇在一起，或许就能成为时代的最强音；一个人的力量是单薄的，但众多的力量汇在一起，却可能改变一个时代。最悲哀的，不是身处无奈之境，而是因身处无奈之境的同时还冷漠、麻木，如古人所谓"哀莫大于心死"。

时间的单向性，决定了成长的不可逆。教育不是沙盘游戏，不可能推倒重来。任何教育行为都会在孩子身上留下印迹。就此而言，教师是一个冒险甚至"危险"的职业。成功和失败都维系于教师，伟人和罪人都可能在教师手中产生。正因如此，教师面对每个学生，都当心存敬畏，如临深渊，如履薄冰，尽最大努力让他们发展得更好。

苏霍姆林斯基说过，教学和教育的全部艺术和技巧在于，使每个学生的力量和可能性被激发起来，让他们体会到自己学习成功的喜悦。在校园里，至少应当使学生有这样的感觉：看到老师，觉得鼓舞；进入课堂，觉得幸福；面对学习，觉得自信；交往同伴，觉得自尊。或许只有这样，孩子们才会觉得：求知是快乐的，读书是幸福的，教育是有意义的。

名师之所以有名，我觉得不外乎这样几个原因：一是书教得好，这是教师的安身立命之本；二是有独特的思想、个性和风格，这是他们成功的重要因素；三是能够不断反思，坚持把自己的体验、得失、感悟形成文字，这是他们成功的重要途径。而在我们身边的教师群体中，书教得好的不少，有独特思想和个性的不多，能不断反思、坚持写作的更少。这或许就是大多数教师不能成为名师的原因。

现代社会往往缺乏"三能"人才：能干、能写、能讲。正因如此，我一直鼓励教师要有自己的思想，哪怕很浅薄；要坚持写作，哪怕表面看，不过是流水账。我并非要教师忽视"教书"这个根本，而只是觉得：教师，不仅要做，还要想，不仅要想，还要写。只做不想，就是木偶式的"工作控"；只想不写，会成为教育的"空想家"。

当我说教师应当多思考时，总有老师说"我很忙"。教师确实忙，但是如果能够忙里偷闲，多想想除了现在所做的，还可以怎样做并做得更好，或许更容易成为有思想的教师——有思想的教师，总能保有一份"闲"的心境，有了这份心境，教师就不仅有行动、能思想，还能以思想为动力更好地行动，最终，让自己从繁杂的忙碌中获得精神的解放。

"真的教师，愿意在平淡中获取那一刹的亮光，愿意在琐碎中捕捉那一瞬的甜蜜。"这是一个教师朋友仿写的"鲁迅语录"。我喜欢这样的说法。教育是美好的，只是这美好更多被掩盖在琐碎、繁杂、零乱的日常中。我们疲于奔命，穷于应付、奔波、忙碌和挣扎，很多人在这奔忙和挣扎中渐渐麻木。但我依然坚信：为每一点微小的美好比如"那一刹的亮光""那一瞬的甜蜜""那一丁点的影响和改变"而勤谨努力、倾情付出，都是值得的。

很多时候，人的感情就像皮肤，用多了就会粗糙，长出厚厚的老茧，不再细腻，不再敏感。而教师（或者说优秀教师）的伟大之处在于，他每接一个班、每带一批学生，都能迅速和学生建立起"初恋般的情感"——正因如此，教育才会产生神奇的力量，学生和教师之间，才会不断涌动着爱的溪流，彼此信任，彼此依恋。

"做一个肉体可老，精神不老，智慧不老，充满美好人性魅力的新一代人民教师。"我不记得这句话是谁说的了，但我很喜欢。

这世间，有许多美好的事值得我们去追求和坚守。我愿意说，教育，便是这样的美好事情之一。

淬炼——

做有思想力的教师

有思想的教师更有力量

很喜欢"行者"这个词。行走者，与道路有关，奔波，忙碌。道路上的行走者，在光与影中，他们的身姿因富于运动而具有强烈的力度与美感。按我的理解，"行者"还有个意思，那就是行动者与事情有关，与劳作有关。在事情中劳作的人，比无所事事者更有生机和活力，也更有激情和魅力。

当然，我也很喜欢"思想"这个词。思考者，把自己的肉体暂时与眼前的喧嚣世界隔绝，让所有感知进入自己的意念，围绕着某个问题沉思、默想。挠头，抚颐，托腮，踱步，无论什么样的身姿、体态，每一个细节，甚至每个微小的举动，在思想者身上发出，都能给人一种有深度有想法的感觉。就像罗丹的那幅名画一般：沉默，但充满力度；宁静，却让人感到冲撞和爆发。

就职业属性来说，教师应该既是行动者，又是思想者。备课、上课、改作业，教师的工作是通过这一系列动作来体现的。但是，支撑这一切、左右这一切的，是教师的思想。思想决定方向和出路，思想保证行动不盲目，思想保证行为的有效甚至高效。

从过去到现在的很长一段时间里，我们一些学校的校长，甚至更高层的教育主管，经常关注两类教师：一类是外出上课"拿本本"的，这类老师能上课，能做课，有技巧，擅表演，外出赛课时总能拿到亮闪闪的奖项。另一类是教学质量"数米米"的，这类老师的课不花哨，不好看，但实用，他们教的学生能考试，无论是大考，还是小考，总能取得好成绩。

但是现在，我觉得我们更应关注第三类老师：有思想、有个性的。

教育是人类文明薪火的递交和传承。教育是国家和民族发展最根本的事业，当然有政策要求，有理论支撑，有方向导引。但这些都不过是总体要求，相对而言较为笼统、抽象，不可能完全成为教师的行动指南。很多时候，教育的递交和传承，是由教师个体单独完成的。教育不是流水线，不是应声筒。教师在完成其教育使命时，应当是在理解、发挥、创造、生成的基础上进行。在讲台上，教师以个体的学养、人格之旗面对学生，唤醒学生。在校园，教师以个体的思想、精神之火，照亮学生，激励学生。所以，教育是智慧者的事业，是思想者的事业。

教师是未来一代的启蒙者。学生走进学校，自"发蒙"时起，不仅要学习、要增长识见，更要提高素质，加强道德修养。对学生而言，对知识的理解和运用是很重要的，但是，更重要的是要养成独立思考、解决问题的能力，这种能力才是学生灵魂奠基和精神成长的根本动力。有一个说法，我深以为然：三等教育教知识，二等教育教理论，一等教育教思想。而要教学生思想，教师自己必须首先有思想；要教学生有个性，教师自己必须首先有个性。正如李镇西先生所说："只有个性才能造就个性，只有思想才能点燃思想。让没有思想的老师去培养富有创造性素质的一代新人，无异于缘木求鱼。"

因此我坚信：教育工作的灵魂在于思想，教师的全部尊严也在于思想。如果说，知识奠定教师教学行为的底气，那么，思考却能给教师的教育行为带来灵气。只有既有底气又有灵气的教师，才可能在课堂上显示出沛然大气，才可能在教学中体现出智慧和机智。

有思想的教师，他清楚自己是为什么而做，该怎样做。他有主见，不盲目，更不盲从。他知道吸收，也知道鉴别；他知道选择，更知道拒绝。他有责任心，不对付，更不应付，他知道应该负责的，明白应该担待的，清楚将会面对的。他有使命感，不因循保守，知道探索改变，他能够使自己的教育、教学行为更加准确有效、更合具体要求、更富人文关怀。他有激情，好进取，不彷徨，也不犹豫，他知道什么是符合教育规律的，他明白什么是对学生真正有益的，他有对教师这一职业和教育这一事业的理解。由于思路清晰，目标明确，他们的行动更加坚决、干脆，他们行走的每一步都更加踏实、稳重。

无论是对学生还是对社会，无论是对一所学校还是对整个教育事业，有思想的教师都是珍贵的、不可缺少的。他们对教育、教学，有自己的理解和认识，他们的行走和行动，也都是基于自己的感悟和认识。他们比一般的教师，更富有激情，更富有个性。是他们的激情之思，感染着教育的对象；是他们的思想之旗，引领着教育的方向；是他们的个性之风，荡涤着教育的世界；是他们的探索之举，改变着教育的天空。

遗憾的是，这样的教师现在还不够多。其主要原因，或许是他们思想的深度还不够突出，行动的效果还不够明显。毕竟，精神面貌的改变不是一朝一夕之事，教育，更不可能一蹴而就，立竿见影。

但是，他们已经存在，并且一直在思考，在行走。他们的思想与道路结合，因此思路清晰；他们的行走与思想结合，因此激情四溢。他们想到哪里，就走到哪里；他们走到哪里，也能想到哪里。他们的激情，伴随着思路在延伸。他们在前行的道路上，以其激情和思想召唤着我们：如果我们希望自己优秀，就必须首先使自己成为有思想的教师。

教育，不能让每个人都长成一张脸

以"辛勤的园丁"喻指教师，不知源于何时。我不知道别的老师听到这样的说法时，是什么感受。对于我而言，每当听到自己被称作"园丁"时，我心里总感觉不太舒服。

这感觉，是在我亲眼看过园丁劳作之后产生的。

学校常年聘请花工打理校园绿植，园丁技艺娴熟，人也勤快，学校花园里茂盛的花草树木，大多是他的功劳。那节自习课，我恰好路过走廊，看到他手提一把大剪刀，准备修剪花草。他走到一排万年青面前，随意瞄了一眼，就 "咔嚓"一声，将参差不齐的枝叶剪得整整齐齐。然后他又拿起早就准备好的一根竹竿，一边比量，一边大动剪刀。刀锋过处，那一整排万年青无一枝独秀，齐刷刷地变成一样高矮了。看得出，他对自己的劳作很满意。他一边剪，一边低下身子，木匠吊墨线般微眯着眼，打量那些经他修剪后的万年青。后面我走进教室，望着讲台下齐刷刷做题的学生，回想着园丁的劳作，不禁想起之前看过的一幅漫画——丰子恺先生的《剪冬青联想》：画中的冬青树，一律被园丁剪掉了脑袋。这让我禁不住满怀悲哀，我开始思考，我们现在的教育，是否像那一把残酷的大剪刀？我们很多老师的做法，是否像园丁一样简单、粗暴？

现在的教育应该警惕评判标准单一化的问题。如果仅仅把分数和成绩作为统一且唯一的评判标准，那么无论是作为群体的学校，还是作为个体的老师，都不得不向这个维系生存和发展的指标参数看齐。这些体现在教育过程中，便是集体无意识地因循守旧，用统一的依据和尺度，对不同的学生进行修剪，将黄鳝和泥鳅拉到一样长，以求整齐划一。而学生迫于学校、家庭和社会的种种压力，也只好被动配合，抑制个性，收敛锋芒，循规蹈矩，亦步亦趋，绝无旁逸斜出者，亦绝无标新立异者，他们就仿佛从同一模子里铸造出来的，千人一面，众口一词。

凡被压抑者，必有反弹和宣泄，被雕琢太多，就会失去本真的灵性和韧性。没有灵性，便难有创造力，没有韧性，就难有抗挫折力，这是极为浅显的道理。

我们都知道，今天的学生就是民族未来的希望。如果他们丧失了适应环境的生存本能，失去了创造美好事物的生命灵性，失去了百折不挠的精神意志，那么他们在未来日趋激烈的社会中，最多也就是一群麻木而无望的看客。

所以我说不做园丁，是不希望自己像园丁那样简单、粗暴、武断。虽然学生的确会有许多不足之处有待我们去规范、去教化、去引领，但无论如何，我们也不能像园丁对待万年青那样对我们的学生，对他们做整齐划一地处理。

说到这里，我想特别提一下夏昆老师。夏昆是我师弟，这些年，他一直保持着独特的个性，并成了教育界的一道风景：包括他的吉他，他稀疏凌乱的头发，满脸泛滥的络腮胡。这比在很多"正派人"眼里，或许就不像老师该有的样子，但他一直保留着，坚持着，哪怕是在成了名师以后。当然，他能够有今天的成绩，绝不是因为谑头式的外在，而是因为渊博的学识、独立的思想、不羁的个性，以及他始终执守的"国子监四门博士"的身份。

这些年，我也见过一些本土名师，其中不乏特级、正高级教师。但他们给我的感觉都很一致，好像都长着一张考试的脸。只要说到质量，说到成绩和分数，就都满脸潮红，两眼放光，都指手画脚，眉飞色舞，说出一套又一套看似特别却大同小异的"独门秘籍"。但要跟他们说教育规律和教育理念，说教育情怀和教育主张，他们往往一脸茫然，顶多问："那有什么用？""分数才是硬道理。"

每年都会有外地的朋友打电话跟我说，想来参观考察有特色的学校，让我帮忙推荐联系。每到这个时候我都觉得爱莫能助，因为除了屈指可数、勉强可看的一两所学校，我真还找不出值得人家多看的学校。学校无特色，教师哪来的个性？大家都是一样的神态，一样的举止，一样的语气，一样的腔调。

每年也都有不少家长打电话给我，期望我能给他们推荐一两所我认为好的学校，最好不是只讲成绩和分数，而能关注孩子个性和潜质的学校。我总是反复思量，然后茫然回复：哪有这样的学校啊，从小学到初中再到高中，到处都只看成绩和分数。

谁都知道，每个人都不一样，教育，不是要把这些不一样变成一样，而是要让每个人都长成他自己的样子——他自己愿意长成的样子，他自己能够长成的样子。但是今天，很多所谓的好学校，其所思所为，所做所求，莫不与此背道而驰。黄鳝和泥鳅本就不一样长，但在他们那里，非得拉到一样长，凡是不能被拉到黄鳝一样长的，仿佛连泥鳅都不配做。

吴非老师说，学校是读书的地方，不是用来做题的场所。可在今日的学校里，仍有许多大同小异的解题方法，彼此复制的得分技巧，如出一辙的涨分秘诀。这样的教育，除了训练"刷题机"、制造"得分手"、培养"应试派"，哪里还有"读书"的样子？哪里还有"学校"的样子？

很多时候，我都怀疑：这是教育吗？教育的过程，就是为了一次又一次的检测和考试？教育的目的，就是一诊二诊三诊的成绩和分数？教育的结果，就是让每个人最终都活成同样的一张脸，长成同样的表情包？

不是每个孩子都能读"清北"，也不是每个孩子都能上"一本"。真正的教育，应当是让每个孩子都成为独特而幸福的自己，而不是千人一面，众口一腔。从这样的意义上说，我们离真正的教育还有很长很长的路要走。

好的教育，让每个生命发光

高尔基说过，人类一切美好的东西，都来自光。早在古希腊时，人们就认识到，光是万物之源：万物生长，人类生息，都离不开光。

《说文解字》云，"光"，会意字，从火在人上，"明也"。"光"字指物，光亮，光明；指人，阳光，率真。所谓"光明"，望文生义地理解：有光则明，有光自明。"明"，来自光，或者说，"明"是因为有光。

汉语里，"光"也象征梦想、远方、未来等能够吸引和指引人前进的事物。一个人眼里有光，心里才会亮堂；一个人心里亮堂，才会有对未来的期待和向往。

正所谓：心怀光亮，才有远方；心怀光亮，也自有远方。

教育是指向未来的事业。这或许意味着：第一，教育本身即有"趋光性"，教育应该是"向光而行"的；第二，教育的目的，是培育出有光的人，能够发光的人。所以，与其说"教育照亮未来"，不如说"有光的教育"，才能照亮未来。

教育该如何照亮未来，让每个生命都发光呢？先来理解一下"发光"的含义。

"发光"有两层意思：第一层意思是散发出可见的光，表示明亮。能发光，自明亮。晦暗之物，既因其晦暗而难以发光，也因其不能发光而始终晦暗。发光的情形，一是反射他者的光，二是自己能够发光——自己发光的前提，是自身有光，或者说，自己就是发光体。

"发光"的第二层意思，是比喻很精彩、有价值。这或许意味着，自己能够发光的，往往都很精彩，是有价值的。甚至，自己能够发光，本身就是意义和价值。

就此而言，所有的教育，都应该是有光的，教育语境里的每个人，无论是学生，还是老师，都应该是有光的，能发光的。教师有光，学生才能被照亮，才能发出光芒。同时，学生愿意做追光者，愿意自觉地追光而行，通过追光，让自己成为"发光者"。

简单说，教育就是光明的事业——光明的事业，才能育出光明的人；光明的人越多，未来才可能越明，越亮。因为，黑暗是不可能照亮未来的，未来只可能被光明照亮。

每个生命，其实都有着自身的光芒。有的可能"显在"，有的可能"潜在"。教育的意义和价值就是，让"潜在的光"发散出来，让"显在的光"变得更加明亮。

要让"显在的光"更加明亮，需要教师去砥砺，去刺激，去引发。要让"潜在的光"发散出来，需要教师以自身的光去温暖，去唤醒，去点燃。或许正因如此，苏格拉底才说，教育不是灌输，而是点燃火焰。英国诗人叶芝也曾说，教育不是把桶装满，而是把火点燃。

如果我们认同教育就是点燃，那么每个教师其实都是"点灯者"或"燃灯人"。而好的教育，就是让每个人都发出光来，让自己的人生，变得更精彩、更有价值，让自己的世界，变得更明亮、更温暖。

因此可以说，所有的好教育，就是"有光的教育"；所有的好教育，就是能够育出"发光的生命"，或者说，让生命本已具有的光，变得更加明亮。

这样的教育，才是闪闪发光的事业；这样的教育，才是值得我们努力追求的教育。

当然，要追求这样的教育，不仅需要我们自身的生命之光、激情之光，还需要我们的希望之光、梦想之光，更需要我们的知识之光、智慧之光。

适度"脱敏"，教育更美好

笨拙，迟缓，呆傻，木讷，痴愚……诸如此类词语，似乎都包含贬义，没人喜欢跟它们沾边。大家似乎更喜欢灵敏、机智、迅捷、伶俐、乖巧一类的词语，配得上这些词语的人，大多心思细腻、言语缜密，反应快、洞察强、思考深……用一句来说，那就是敏感的人似乎更优秀。

但在日本作家渡边淳一看来，情况却并非如此。他认为，就人生智慧而言，钝感比过分敏感强得多。他甚至觉得，钝感力"是我们赢得美好生活的手段和智慧"。仔细想来，他对钝感的这一"异见"，的确很有道理：过分敏感的人，如林黛玉，容易心力交瘁，伤己伤人；迟钝木讷些的，如许三多，更能承受生活的磨砺、命运的击打。社会不是"大观园"那样的温室，生活不全是"风花雪月"的温情，粗糙的心灵往往更能接受粗暴的打击。

谈到教师的品质和素养，我们更容易看重"敏感"，而看轻

"钝感"。教育关乎生命，生命的复杂决定了教育的复杂。我们教师面对的，是正在成长中的生命，成长的艰辛注定了教育的艰辛。从事这样复杂艰辛的工作，每个教师都应有一种高度的职业敏感，或者说，一种特别的"生命感"：细腻、耐心、温情、柔软、慈悲、怜悯……往往"敏感度"高的教师，更能发现教育的问题，把握学生的状况；更能捕捉教育的契机，获得突出的效果。

但是，正如过敏症患者总会产生"过度反应"那样，过于敏感的教师，无论对教育还是对学生，未必是幸事。有过敏症状的人，其身体很容易将正常无害的物质误认为是有害的东西，从而产生过激反应，甚至"超敏"反应。"过敏"的教师，在面对学生的行为时，也往往会将一些"正常无害"的行为"误认为是有害的东西"，从而产生"过度反应"，甚至采取"过激行动"。

《人民教育》曾刊载过一篇名为《不想再见一面的老师》的文章，文章的大致内容是："我"和同学路遇当年的语文老师，"我"忙着打招呼，同学却闪到了一边，装作不认识那位老师。"我"问他为什么，同学沉默片刻，低沉地说，自己不想再见到他！

原来，小学四年级时，同学曾在一篇作文里，说他父亲是一名小学教师，而那位老师，用红色钢笔在"教师"前面添上了"代课"二字。同学说，"这猩红色的两个字让我一阵眩晕，心里如做错了什么似的，非常难过。"父亲一直是他的骄傲，他也一直为父亲是教师而自豪。但是，语文老师那刺眼的两个字，让他的骄傲变成了耻辱。"所以，我不愿见到他，说不上恨，但就是不想再见到他！"那个同学说。

对一篇作文而言，"代课"二字，真就那么重要？纠正那个"错误"，真就那么重要？也许，那个老师的确是敏感、严谨、认真，但实在不够智慧，缺乏慈悲，或者说是"过敏"的。他也许没想到，那两个字给孩子造成了多么可怕的阴影，用几十年的光阴之水也无法冲刷干净。而事隔多年，学生对他的态度，似乎正是他当年行为的回报和"投影"。

这样"过敏"的老师，其实不少。相比钝感的人，他们心中的弦往往绷得更紧，很容易"听风就是雨"，很容易对学生的缺点或不足夸大其词，哪怕只是一些不好的"苗头"，也要牢牢揪住，如临大敌。不过是偶尔一两次没做作业，便上升到学习态度；不过是男女同学走得近一点，便提拔到"早恋"的高度；不过就是表达一下真实的感受和想法，便牵扯到心理不健康，格调不积极；不过就是一两次无意的失误，也会被当成"预言"未来的某种征兆……

因为这样的"夸张"，他们对学生总像患有"精神洁癖"一样，会更高标准、严要求，会更挑剔，甚至更苛刻。他们期求学生聪明，最好是一听就懂，一教就会；他们希望学生完美，最好是既听话又懂事，还要学习好。学生考了98分，他们仍要追究为什么不是100分；写评语时，他们列举优点后，总要再说一两个缺点或不足；跟家长交流，他们夸奖孩子后总要再说这点、那点不够好，还需要改进，有些甚至到了"鸡蛋里面挑骨头"的地步……他们很容易对学生产生抱怨、指责，甚至沮丧、绝望。

按渡边淳一的说法，钝感力使人心胸宽广。而"过敏"的老师，往往缺乏的是教育者应有的包容和宽谅。对出现问题或症状的学生，他们或厉声呵斥、怒目相向，或冷嘲热讽、恶语中伤，甚至动辄以处分、劝退、开除相威胁。他们不知道，犯错是学生的权利，所有人都是在犯错和改错中得到进步的。他们更不知道，学生犯了错误，其实大多会忐忑、懊恼，期望得到宽恕、谅解。教师倘能延迟反应，或淡化处理，往往会更有效果。

有一个学生经常缺课，被告到了校长那儿。校长经过了解，在游戏室找到了他，并且一声不吭地站在他背后。当他转身，发现校长正严肃地看着他，一言不发，于是就乖乖地跟校长回学校了。一路上，两人都没说一句话。到校后，校长也只用手一指，他便进教室上课去了。后面的几天，校长也一直没有找他。结果，那学生连续几天都心事重重。后来他终于忍不住，跑到校长办公室问："校长，你什么时候批评我啊？"校长说："你现在不迟到、不旷课，又没什么错误，我批评你什么？"他如释重负地笑了。这位学生长大后，依旧对这件事念念不忘。他说："如果校长当时骂我一顿，我也许早就忘了。校长越是不说，我自己就越是想得多。真是'此时无声胜有声'啊！"

这位校长的"钝感"，让人想起在浙一师任教时的李叔同先生。据丰子恺回忆：李老师对学生态度是非常和蔼可亲的，从来不骂人。学生犯了过失，他当时不说，过后会特地叫这个学生到房间里，和颜悦色地开导他。他谦虚的态度令学生非常感动。

对犯错误的学生，我们总是习惯采取"理直气壮、义正词严"的态度，这其实是一种得理不饶人的做法。更糟糕的是，一个总是"理直气壮"的老师，在理不"直"的情况下也容易习惯性地"气壮"，也就是所谓的强词夺理，气势压人。因为他习惯了"气壮"的攻击性态势，而不习惯"气和"或"气弱"的谦和型格局。倘使学生做出挑衅的举动或抗争，他们更容易勃然大怒，气上心来，非得降服对方不可，有时甚至想要"灭了"对方。因此，我们时常听到或看到师生间关系紧张，甚至是对立，以及由此而引发出的许多不开心的事。

其实，各位老师不妨换位思考思考，要是我们自身有什么过失或错误，总是被别人揪住不放，我们会做何感想？如果别人再步步紧追，咄咄逼人，我们又会是什么态度？将心比己，人心同然。所以，就算真的有理在握，面对学生，最好的方式也应该是"理直气和，义正词婉"。哪怕学生真是有所不恭，有所放肆，也不必太在意，更不必太计较。简单来说，不必太"过敏"。

"过敏"是一种病，治疗的方法是脱敏，即通过短时间内多次注射变应原，使致敏细胞的活性介质逐渐耗竭，从而消除机体致敏状态。对那些"过敏"的教师，或许也需要这样的注入：在他们的教育观念里，注入缓慢、从容、耐心甚至迟钝这样的元素，注入对生命的真切理解、同情、包容和体谅。适度"脱敏"，会使教师更接近教育的本质；适度"脱敏"，会使教育的面目更加美好。

无论做什么事，心态和情绪都很重要。谁也不可能完全与世隔绝，谁也不可能让自己始终像僻静的井一样心无波澜。但是，我们至少可以让自己不要太敏感，太操之过急，太气急败坏，太歇斯底里。无论对教育还是学生，在保持适度敏感的同时，也要保持适度钝感。

套用渡边淳一的话来说，钝感力是我们赢得美好教育的手段和智慧。

为师当有"平常心"

"平常心"出自禅宗。据《指月录》记载，马祖道一禅师一日示众云："道不用修，但莫污染。何为污染？但有生死心，造作趣向，皆是污染。若欲直会其道，平常心是道。何谓平常心？无造作、无是非、无取舍、无断常、无凡圣……只如今行住坐卧，应机接物，尽是道。"

马祖的意思是，道不用刻意地修，只要不污染就成。什么叫污染？只要有生死心，有价值选择，都是污染。如果要直会其道，平常心就是道。什么叫平常心？只要除却心中杂念，放下是非取舍，这就是道——道在"心"，道也在"行"，它既体现在行住坐卧睡中，也彰显于喝茶吃饭、搬柴运水里。

这样的平常心，对于教育和教师，有着非同寻常的意义。

我曾多次感叹，没有哪个时代的教育，会像今天这样，特别需要教师的良心和本分，需要教师对生命的理解和同情，对职业的尊重和承担。这样的时刻，就像教育需要回到原点，教师也特别需要回到初心、回到"平常心"——从这里出发，我们对许多问题，或许会有别样的理解和发现。

比如说，对于我们从事的职业，倘能以"平常心"对待，我们就会明白，自己所面对的，不过是正在成长的生命，他们每一个都是独特的，不会雷同也不可复制。作为教师，必须承认这种差异，尊重这种差异，悦纳这种差异——认可一部分学生优秀，也应当认可一部分学生不优秀；鼓励学生进步的同时，也应当容忍学生的暂时不进步；懂事、听话的学生当然是可爱的，但淘气、顽皮的学生，也有可爱之处。

更重要的是，我们得认识到，不是所有生命都只会成为虫，也不是所有生命都能够变成龙，按照金字塔理论，有绝大部分生命会处在塔基部分，还有相当生命会处在成龙和成虫之间，处于"上天"和"钻草"之间。我们既不可能让所有野草都变成鲜花，也不可能让所有低灌都成为高乔——有这样的心态，我们才不会"恨铁不成钢"，才能减少自己的紧张、焦虑、哀怨和愤怒。

但这样的"平常心"，并非无所作为，更非对学生放任自流，而是说，对学生要尽可能理解，尊重，随顺，尽可能以"手心手背都是肉"的心态去面对；在遇到各种问题时，尽可能地冷静思考，公平对待，弄清楚自己的职责，既让鲜花开放，也让野草生长。

如果能以"平常心"看待，我们就不会有优生、"后进生"之别，不会为"教好班"而喜，为"教后进班"而忧。我们就会真正感觉到，无论怎样的学生，能够来到自己班上，与自己共度三年或六年时光，都是值得用心珍惜的缘分。一个好老师不会挑剔学生，也不会区别对待学生，他只会一视同仁。

如果能以"平常心"看待，我们就会明白，所谓教育，不过就是一种影响，一种熏染，一种缓慢、持续、渐进的改变过程。教育有其自身的局限和边界，教师也是如此。教育不是万能的，教师的作用也不是无限的。教育不能包治百病，教师也不可能为学生包打天下。作为"学生生命中的贵人"，我们最重要的意义和价值，不过就是陪伴他们三年或六年时光，在这过程中，给他们留下一些关于教育生活的快乐而美好的经历、感受、体验和回忆。学生不过是"正在学习的生命"，生命的本能就是生长，而生长是一个缓慢的过程，不同的生命有不同的阶段和速度，我们不必太急于事功，更不必因此急火攻心。

曾有僧人问西川灵龛禅师："如何是诸佛出身处?"禅师说："出处非干佛，春来草自青。"即是说，出处和佛没什么关系，春天来了，田野里的小草就会自然绿起来。"春来草自青"，作为教师，我们最合适的角色和身份，不过就是耐心守望这些"小草"，等他们慢慢变青翠。或者，用另一个比方，如果能以"平常心"看待，我们就不会做甩着鞭子驱赶"羊群"的"放牧者"，而只需要作"领头羊"，领着羊儿们去享受肥美的绿草，饮取清纯的甘泉。

有这样的"平常心"，我们就会明白：孩子不过就是孩子，不是机器人，偶尔犯犯错误，搞搞小动作，在所难免，既非不可饶恕，又非无药可救。我们就不会再气急败坏，不会再痛心疾首，不会再情绪失控——我们会明白，没有任何生命是完美无瑕的，也没有任何生命完全的一无是处。而且，学生未来的漫长人生，很多时候，并不取决于我们今天的教育。如果刻意放大他们的缺点，夸大他们的问题，你留给他的，就只会是冷漠、讽刺和打击，他长大后所懊恼的，首先就会是你这个老师。

有这样的"平常心"，我们就会明白：做教师，其实和其他职业差不多，苦和乐是相对的，得和失也是相对的。每一种职业，都既有快乐，也有烦恼，就像每个家庭，都既有幸福，也有苦楚——有如此心态，我们既不会因为"最光辉的事业"而沾沾自喜，也不会为"孩子王"和"教书匠"而垂头丧气，自暴自弃。我们会减少抱怨，悦纳职业，悦纳学生，悦纳自己。作为教师，最重要的是悦纳自己，坦然面对一切，把它们看作生活的必然，当成生命的方式。

以我的理解，这种"平常心"，其实还包含着"长远"、"长久"的意味。就像虚云法师所说的："一年到头，一生到死，常常如此，就是平常。"孩子的成长，是缓慢的；教师的成熟，是缓慢的；学校的发展，是缓慢的；教育的变化，也是缓慢的——任何教育行为，从实施到有所成效，都有时间距离；任何教育行为实施后，既不可能一蹴而就，也不可能一劳永逸。正因如此，一切真正的好东西，总是要经历漫长的时间考验，经历光阴之水的冲洗和打磨。

教育是慢的艺术，既需要我们有信心，也需要我们有耐心，更需要我们有恒心——所有这些心，都建立在"平常心"的基础上。倘若我们能有这样的"平常心"，忠诚地做"本分事"，我们就能走在更加快乐、幸福的教育路上，成就我们更加自在、美好的教育人生。

恪守师道，才能赢得尊严

说到教师的尊严，我首先想到的是"师道尊严"。

按字典的说法，"师道"包含"师承""求师学习""为师之道"等内涵。"尊严"，简单来说，就是人格和权利被尊重。每个人都需要尊严，教师作为知识分子，更离不开尊严。甚至可以说，因为职业属性和特征，教师对尊严的需求度，远比其他群体更为敏锐、丰富。抛开所谓的"神圣""光辉"不谈，我愿意将其简单理解为教师的尊严。教师的尊严，上关教育的地位和影响，下涉学生的幸福和快乐。教师没有尊严，就很难认识到真正的教育。教师没有尊严，就很难培养出有尊严意识的学生。

或许正因如此，古人早有"师道尊严"之说。尽管这个词语一度为后人所诟病，但其本义还是有一定道理的。这个词最初的意思是指教师应当首先受到尊敬，他所传授的道理、知识、技能才能得到尊重。这个词后来多指"为师之道"的尊贵、庄严。《礼记·学记》云："师严然后道尊，道尊然后民知敬学。"也就是说，首先要尊师，然后才能重道，真正重道了，才能让人敬畏学习。在那个时代，教师是深受敬重和尊崇的。"大学之礼，虽诏于天子无北面"，教师给君王讲学，居然不必行君臣之礼。当时尊师重道至于此，令人不禁感叹唏嘘。

尽管尊严属人权序列，算得上"天赋神授"，但因为种种原因，"师道"传统黯然不彰的时候似乎更多一些，教师"斯文扫地"的历史似乎更久一些。韩愈就曾浩叹"师道之不传也久矣"。从元朝开始，在社会等级里，"师"便被归入"老九"，位列"娼""丐"之间，所谓"臭老九"的待遇，即始自此。新世纪以降，教育发展越来越迅速，但教师的尊严感仍有待提升。

既然尊严是一种"被尊重感"，我们不妨从两个方面来理解：一是自尊，二是他尊。

孟子有句话说"人必自侮而后人侮之"，套用一下，或许可以说"人必自尊而后人尊之"。言下之意就是，人得首先自尊，然后才能享有尊严。这个尊严，不是虚词，也不是名词，而是动词。按卢梭的说法："每一个正直的人都应该维护自己的尊严。"对教师而言，我们所需维护的，至少包括苏霍姆林斯基所说的"对自身的尊重、荣誉感、自豪感、自尊心"。

所以，"师道尊严"的重建，只能从教师自己开始。首先是尊重自己，如果我们自己都不尊重自己，谁还会尊重我们呢？其次是尊重职业，既为教师，就应该自重本业。自己都不看重自己的职业，谁会看重？最后是尊重学生和家长。我一向觉得，尊重应该是互相的。孟子说："爱人者，人恒爱之；敬人者，人恒敬之。"即是说，爱别人的人，别人也永远爱他；尊敬别人的人，别人也永远尊敬他。如果学生没有尊严，家长没有尊严，教师也很难有真正的尊严。没有"师道尊严"的民族，是没有未来和希望的民族。

就"师道尊严"这个词来说，"师道"也是"尊严"的前提。要论"尊严"，必先回到"师道"，也就是先让每个教师恪守"为师之道"。北京师范大学的校训"学为人师，行为世范"，可为"师道"的诠释。如果学不能为人师，行不能为世范，教不来书，上不得课，说不通道理，服不了学生，那么面对这样的教师，学生如何能打心眼里信服他们，家长如何能放心把孩子托付给他们？

关于教师的尊严，我最先想到的其实是"底线"。作为教师，不一定要有多高远的目标、多宏大的蓝图，但必须有起码的自我约束，有必要的内心规范。比如说，认真备课、上课、批改作业应当是我们的职业底线，而尊重学生及家长，也应当是基本的职业要求。在此基础上，我们再辅以对教育事业的敬畏、对教育规律的尊重、对美好教育的孜孜追求。这样的教师，自然更容易赢得尊严。教师有尊严，才能给学生以尊严，让他们感受到尊严的价值，进而学会给他人以尊严。

所以，我非常赞同一句话：以专业赢得尊严。很难想象，一个学艺不精的匠人，能有多大的市场竞争力？一个医术平平的庸医，怎么可能获得患者的肯定和赞美？同样的道理，一个教师，倘若专业能力欠缺，专业水平低下，别说赢得尊严，就是赢得同情和怜悯，也还得看对方是否心地善良，是否愿意施舍。教师的专业素养，是赢得尊严的基础。教师只有通过自己的素养、品德、言行，即人格魅力和专业素养，才能真正赢得尊严。

教师的尊严，需要每个教师自己去争，努力去取——恪守"师道"，才能赢得"尊严"。

当我们谈论师德时我们在谈什么

师德是"筐"还是"框"？

有人说，师德就是一个筐，什么都往里面装。"筐"当然是装东西的，但装进师德这个"筐"里的，就是师德的本质要求和本然内容吗？

答案，显然是否定的。

师德，是教师职业道德的简称。顾名思义，是社会对教师这个职业在道德方面的要求。这种要求，往往外显为一些带有强制意味的规定。

最典型的是《中小学教师职业道德规范》，或各地的"八不准""十不准"。表面看，这些都是对教师行为的约束，实际上，它们是对教师从事这个职业的期望——"规范"，即规则和范本。

规则，自然是规定和原则；范本，则有楷模、表率的意味。即是说，师德既有硬性的、必须遵守、不能逾越的一面，也有倡导性的、鼓励性的、难以明确考量的一面。

就此而言，师德其实只是一个"框"，是对教师职业道德的"框架性约定"。

"约定"有"俗成"的意味（英语的"道德"【Morality】一词，源自拉丁语"Mores"，意为风俗、习惯，强调的即是约定俗成），必须尊重和遵守，但"框架"总是大概的，粗略的，不可能明确或精细到某种具体的程度。

因此，尽管师德首先体现为一些基本的底线和原则，但无论是过去的"为人师表"，还是现在的"师德规范"，其实也包含着方向和主张，即人们对师德的期望。

"期望"不是必然要求。以《教师职业道德规范》为例，无论是"爱岗敬业"，还是"教书育人"，无论是"关爱学生"，还是"终身学习"，都是相对笼统的，没法具体考核和评估。

某种意义上说，师德边际的模糊，让它从"框"变成了"筐"。不幸的是，很多时候，教师的一些失范言行，很容易被装进这个"筐"里，脱离了"框"的范畴。

师德是从哪里来的？

师德肯定是从"道德"而来的，所以更"原点"的问题是：道德是从哪里来的？

我倾向于认为，道德就是"道出来的德"，它既是人们遵道而行后的总结和归纳，也是言说出来给人听、希望更多人遵守和奉行的——无论哪个意思，道德都是人们为了维护群体或公共利益而确定或提出的一些主张、原则和期望。

道德不是从天上掉下来的，也不是人脑里固有的，而是人们在交往中渐渐形成的。道德一旦形成，就具有普遍的影响力和约束力。遵循，是有德；违背，则是失德或无德，乃至缺德。不过，到底是遵循还是违背，动力都来自个体的"内心秩序"的评估和权衡。

总体来说，民主、文明、和谐的社会，更有助于道德意识的形成，更有利于道德行为的维护。而专断、粗蛮、暴戾的社会，很难让人真正形成和遵守康德所说的"道德律令"，就像食不裹腹、为生计所困的人，很难有"仰望星空"的闲暇，无论那星空多么灿烂、浩瀚。

师德，自然也是如此——师德的形成，固然会来自外在的要求，但是否遵循，遵循到什么程度，其实更仰赖于教师的内心约束和"真心认为"。

真心话可以讲，但究竟能讲到什么程度？师德也可以讲，但"外在"的讲，能在多大程度上推动"内在"的变？"教育不是灌输，而是点燃火焰"，苏格拉底的这句话，我们往往用在对学生的教育上，但对教师的教育，其实也是如此——倘若没有源自内心的自觉和约束，再苛严的考核和要求，也不可能成为真正的动力。

师德是高标准还是低要求？

今天，教师职业同时面临着"凡俗化"和"神圣化"的困境。

"凡俗化"的体现就是，只认定教师是一门职业，而职业只不过是谋生的方式或手段，与其他职业没什么明显区别。持此论者，往往过于淡化对教师的道德要求。

"神圣化"的体现则是，认为教师是太阳底下最光辉的职业，是蜡烛，是春蚕，是人类灵魂工程师……持此论者，往往过于强化对教师的道德要求，认为每个教师都应当迹近圣人，成为道德楷模，甚至万世师表——一旦"神圣化"，就很容易"妖魔化"。

淡化和强化，都是非正常化——凡俗化，走的是低端；神圣化，走的是高端。或者说，凡俗化，是底线；神圣化，是高线。

师德，其实应该是"居间"的状态：一方面，它设定了基本的、必须遵守的底线；另一方面，它指向于更高的期许和愿望。底线相当于"规定"，一旦逾越，就是师德失范。高线则相当于"范本"，是楷模和表率，含有鼓励的意味。

居乎其间，师德首先是低端的要求，同时也有高端的追求——但这种追求，不应该成为统一的规定，更不能强求。毕竟，不是每个人都能成为圣人。

同时，师德虽是外在的要求，但要有所追求，必须成为内在的规范，成为个体的自觉。

因此我觉得，讲师德，本身就很荒谬。师德不是名词，而是动词。师德不是用来讲的，而是用来做的，要付诸具体的实践，切实的行动。

由外人来"讲师德"，本就很荒唐。倘若那外人，是本身就没有师德经历和体验的人，那就更滑稽了。

师德是群体规范还是个体要求？

既然师德是对职业的约束或规范，毫无疑问，它是针对群体的，而不是个体的。虽然，置身群体的个体，都需要遵守和奉行，但绝不可能通过强行的方式达到。

群体是由个体构成的，但构成群体的个体，是绝对不一样的，有着远近高低的不同层次。

群体的素质往往会通过个体的品质来体现，但个体的品质表现，并不必然意味着群体——除非拥有这种品质的个体，达到了某种量级，能够影响和决定群体的状态。

以特殊个体的表现，评判整个群体的状态，无论肯定或否定，都是愚蠢的。个体再优秀，也难以提升拙劣的整体素质；个体再拙劣，也难以否定优秀的群体品质。

个别教师出现道德问题，并不等于所有教师都有问题。

我曾对一些校长说：作为管理者，对教师，肯定是要鞭打快牛的，但是你也要接受"慢牛"的存在，甚至要容许有些"牛"，无论你怎么喝斥或追赶，它依然会原地踏步。再朝气蓬勃的春天，也不可能让所有花朵一齐开放，也不可能让它们开成一个模样：一样艳，一样香。

师德，也当作如是观：人上一百，形形色色。教师群体中，固然有师德高尚的，但更多的，可能是不那么高尚的，甚至有些凡俗的。所以，我们又怎能要求所有教师都整齐划一、步调一致呢？

师德的边际在哪里？

师德既然是职业规范，显然是有边际的。一个教师，既不可能是"先天性"的教师，也不可能是"全天候"的教师。在学校，面对学生或家长，他应以师德要求自己；但在家里，他就是自然人；置身社会，他就是社会人——他所应遵循的，是社会公德，而不是师德。

每个人都有不同的社会角色，自然需要遵守各种角色所赋予和要求的规范。师德是对教师在从事教育教学工作时的要求和期许，公德显然有着更大范围的指向，是对一个人在公共事务中的言行约束和规范，如遵守秩序，不破坏公物，不妨碍他人，等等。

或者说，公德更具普遍性，师德更具专业性。

公德与师德的不同之处，要求我们在评判和讨论具体事件时，要有明确的界限和区分。就像讨论公德和私德时，必须公私分明一样。公德的归公德，师德的归师德。

即便是公德，也有不同情形的区分。临时性的言行冲动，不一定体现其长期的道德水平。道理很简单：一个人偶尔的言行错误，绝不意味着他将永远错误；一个人在某方面的错误，也不意味着他整个人品行都有问题。

但是现在，"师德泛化"很容易造成教师职业的边际模糊，即把一般性错误归结到职业方面，对一个教师的所有行为，都以师德要求，而且以高端要求，这种泛化，造成了师德边际的模糊。

针对这种泛化，我们要弄清楚师德与公德的边际，我们也要明白，教育应当是为着人的幸福，教育也应当让人能够从中感觉到幸福。一个幸福的人，往往不会生恶意，有歹念，干坏事。一个幸福的教师，往往不会有师德问题。

师德能和专业完全割裂开来吗？

在我看来，"师道"其实也有"为师之道"的意思，就是做教师的方向、规律、规则，包括策略、方法、技能。"师德"虽属于职业道德范畴，但教师职业自有其专业性在，因此，师德与专业绝不可截然分开。

但很多时候，一讲师德，我们就忘了专业。或者说，我们只讲师德，而不讲专业。仿佛师德好了，专业也就没有问题了。这实在有些异想天开。

讲师德的时候，我们往往会说爱，"为什么要爱"讲得头头是道，但"什么是爱""怎么去爱"，往往语焉不详。事实上，很多老师言行失当，跟有无爱无关，而跟会不会爱有关。或者用我"创造"的说法，跟师德师风无关，而跟"师心师力"有关——即为师的心灵和心态，水平和能力。所以我说，当老师，既要爱，也要会爱。

相比较而言，我更愿意这样理解：上好课，就是最基本的师德，能成长，就是最好的师德，而能够给学生更好的教育，就是最大的师德。

倘使抛开教师的专业性要求，笼统地提倡职业性的道德要求，把师德从教师工作中抽离出来，不仅空对空，而且舍本逐末。更可怕的是，以师德代替专业，自然也就会因师德否定专业。

新学期到底意味着什么

　　无论怎么抓，暑假的尾巴也会滑走，像泥鳅一般，难以握控。新的学期，总会随着渐凉的秋意款款而来，不以任何人的意志为转移。

　　作为教育人，我突然想到一个从未细想的问题：新学期到底意味着什么？

　　当学生时，我们经历过无数的新学期，茫茫然的，一期又一期。做老师后，我们也迎接过无数的新学期，忙忙然的，一期又一期。因为这样的"茫茫"和"忙忙"，加上一期复一期的循环，导致我们从未认真想过新学期究竟意味着什么。我这回想得多了些，是因为无意间琢磨了学期的"期"字——这真是一个很有意味的字。

　　从隶定字形看，"期"是形声字，从月，从其，其亦声。"其"字意为等距排列地刻画直线，而有日月部首的汉字，又多与时间有关。望文生义地理解，"刻画直线"显然是为了更好地计时，计时显然是为了更好地做事。所以，"期"的本义是指"规定的时间"，或"一段时间"，如日期，周期，定期，期限，限期。规定的时间或期限未到，自然也需要"期"（等待），所以用作动词，"期"便有了盼望、希望的意思，如期望、期待、期盼、期冀……这两个是"期"的主要义项。

学期的"期"，首先是时间概念。就教育而言，将一年的学习时间分成两段、三段或四段，一段便是一期。这是名词，也是量词。按我们的惯例，暑假过后到来的开学时刻，既是秋季学期，也是上学期。

不过，我要说的并非这个名词用法，而是动词的"期"。既然是学期，更多便是针对"学"而言的，而"学"的主体，是学生。因此，学期似乎可以理解为"学生的期望（期待、期盼）"。作为学生，他们会期望什么呢？

就基础教育来说，小学一年级的新生即将从这个新学期正式进入学校学习。他们或许早已知道，这即将开始的新生活，会与幼儿园时代完全不同。他们所要面对的，将是一所全新的学校，那里有全新的同学、全新的老师，他们将由此开启一段全新的旅程。

即使有家长们择校、择师的前期准备和铺垫，孩子们对这全新的旅程也必然会充满激动、紧张甚至焦虑的想象：我要去的学校是怎样的学校？我会遇到的是怎样的老师？我的同学里会不会有熟悉的朋友？小学和幼儿园究竟有多大的不同？将要开始的功课会让我感到轻松还是困难？

这些难以确定的想象，必然会让他们既充满期待，又满心向往。记得当年，我便如此。后来，我的儿子在上一年级前，也是如此。可以说，每个即将正式上学的孩子，都会有这样的期待和向往。可惜，我们见得更多的是，孩子期望满满地走进学校，但很快就满怀失望地回家。

现在的问题是，我们能否配得上孩子的想象，能否让孩子的期望不变成失望？

此前已经在读的学生，更多的可能会习惯甚至麻木地进入新的学段。我读小学时，还有"留级"的说法，因此"升级"的意味多少还有，因为不是所有孩子都能顺利"升"上去的。现在，没有"留级"之说了，几乎所有的学生都会自然而然地从一年级升到二年级，从二年级升到三年级。

一起升级的，自然也包括同学和老师，除极少数转学的同学外，学生们身边的同学不会有太大变化。除极少数被调整的老师之外，老师也不会有太多变化。但这并不意味着学生就不会有期待和期望，倘若原本就是自己喜欢的好老师，学生肯定会期望不要变动；倘若原本就是不太喜欢的老师，学生心里自然会期望有所变动，或者期望那个老师能够变得好些，变得喜欢自己也让自己喜欢一些。

人心思变，而且都期望变得更好。但这种变化，并非通过学生努力就能实现，所以他们大多只能期盼和期望。或许只有两种学生会表现淡然：一是学习本来就很好的学生，无论遇到怎样的老师，他们都会有很好的表现；二是学习一直不好的学生，无论哪个老师教，他们的学习依旧很难提高。对新学期强烈期待的，往往是那些处于中等水平、稍微努力学习成绩就可能上去的学生，他们特别期望能够遇到更好的老师。倘若没有遇上的可能，他们甚至会通过转学的方式来实现。转学，就是转换学习的环境，当然也包括认识新的任教老师。

对那些升学的孩子而言，这种感觉会更强烈。小升初也好，初升高也罢。初一和高一的新生们，早就确定好了学校和班级，甚至确定好了即将遇到的老师，但在他们的心里依然会充满期望。毕竟，他们即将展开更重要的一段学习经历，这段经历甚至会影响和决定他们未来能否继续顺利升学。他们知道，一所好的学校意味着什么，一个或一批好的老师意味着什么。

回到刚刚提出的问题：我们，能否配得上孩子的想象，能否让孩子的期望不变成失望？

即使是在教育已经发生很大变化的今天，我依然愚钝地坚信，在学校教育里，教师对于学生有着无可取代的重要性。教育需要好教师，学生更需要好教师。对基础教育阶段的学生而言，一个好教师，既意味着更轻松快乐的学习过程，也意味着更美好愉悦的校园生活——遇到好教师，遇到喜欢孩子、孩子也喜欢的教师，是学生最大的期望。

可是，怎样才能遇到呢？

"期"还有一个意思：约定。《说文解字》云："期，会也。"段玉裁注疏说："会者，合也，期者，邀约之意，所以为会合也。"所以，汉语里有"期会"（约期集合；预定期限进行）、"期约"（约期；约会）之类的说法。而那个著名成语"不期而遇"说的则是：事先没有约定就遇见了。这既是指意外的碰见，也是指美好的遇见。面对这样的遇见，人们往往会有"幸福来得太突然"的感觉。

　　从这一角度来看，我认为所谓的新学期，既是预先确定的开学时间，也是师生约会开始的时刻。师生交往就是教师与学生的一种精神相遇、心灵相遇。尽管在目前的教育体制下，这种相遇往往是既定的、前定的，但其实也有着未定的成分。学生所面对的学校，可能没法选择，但学生遇上怎样的老师，其实充满了无限可能。

　　倘若，在新学期里，学生们能够与好的老师相遇，与他们喜欢、也喜欢他们的老师相遇，甚至"不期而遇"，这该是多么美好的事情，他们或许每天都能有"约会"的美好体验。

小学教育为何如此重要

这些年，我对小学越来越关注，原因有二。一是从专业角度看，我个人感觉似乎只有在小学，还可以谈论教育。在中学，几乎只说考试，说分数。"只有考生，没有学生"的中学是应试教育的"重灾区"，在那里，教育的空气已经如同喜马拉雅山巅的氧气一般稀薄。二是受傅国涌先生影响。他是治民国史的学者，对教育也颇有研究。谈到小学教育的重要性时，他认为，不是所有的人都要接受大学教育，但所有的人都要接受小学教育。教育发展到今天，一个人在任何时候都可以读大学；只要愿意，退休后都可以读老年大学。但是，一个人只能在他年龄很小的时候读小学。用今天的术语来说，叫"适龄儿童少年"。

傅先生还有一个观点，他认为如果说大学代表着一个民族文明的高度，那么小学则代表一个民族文明的根部。我深以为然。小学教育，其实就是一种"培根"的教育。或许我们都有栽树的经验，一棵小树苗，多半没有明确的主根，只有须根，而且须根越多，小树就越容易成活，长得也越好。众多的、庞杂的须根，为小树提供着水分和养分。以此观照，似乎可以说，培植"须根"才是小学教育的要务。一个孩子最初的须根，对他整个人生根系的生长和发育，都有重要而长远的影响。须根越多，越舒展，越有充足的空间，越能汲取到养分，他的整个生命根系也就会越庞大、发达，最终才可能"根深叶茂"。

苏联教育家赞科夫在《论小学教学》中曾提到，小学教育是"入门性"的，在小学阶段，孩子对社会和生活的认识，应该是一种"直接的完整性"，即小学教育应当把整个世界直接呈现给学生。怎样才算是直接呈现？清华大学谢维和教授曾以"灯"来打比方：学生进入小学，极像从光亮之处，走进一个黑洞洞的房间。这时候，最好的方式是打开"顶灯"，把整个房间照亮，而不是打开"探照灯"，只照亮他前行的路。谢维和认为，如果小学阶段，我们就用"探照灯"，孩子虽然能往前走，但是他所看到的世界是不完整的，他可能因为对"探照灯"光柱之外的阴影的担心，而心有余悸，不敢往前。

我非常赞同这样的说法。教育的目的，是为着人的发展。伴随着人的成长，这种发展一方面是内心的不断丰富和博大，另一方面是世界的不断敞亮和辽阔。内心的不断丰富和博大，离不开世界的不断敞亮和辽阔；世界的不断敞亮和辽阔，也离不开内心的不断丰富和博大。当一个孩子进入"小学之门"，他就仿佛进入了一个未知的世界，踏上了一段陌生的旅程。因为是未知的，陌生的，所以不免拘束，惶恐，紧张和不安。此时，如果能够以顶灯之光照亮整个房间，让他清晰地看到完整的世界，不仅能消除他内心的焦虑和恐惧，还能让他感知到世界的广大和丰富，进而发现自己生命中更多的可能。

谈论教育的"属性"时，我很喜欢用"可能"这个词。我甚至觉得，"可能"应该是教育（尤其是小学教育）的"别名"。人和动植物的最大区别，就在于人有更多的"可能"。尤其是处在生命之初的儿童，比起成年人，他们的生命因不成熟、不确定而有更多的"可能"。所谓的"可能"，代表着某种趋势，这种趋势往往预示着事物的发展方向，"可能"越多，发展的方向就会越丰富、越纷繁。教育最重要的意义和价值，就是让这些潜在的"可能"成为"现实"，最大化的"现实"，最真切的"现实"。

所以我觉得，小学教育最重要的，不是显在的"确定"，而是潜在的"可能"。因为是"潜在"的，所以要去发现。而发现之责，正在小学，发现之路，唯有课程。

对孩子而言，课程就是"可能"，多一种课程，就多一种可能。孩子生命中的"可能"越多，他的世界就会越宽广，他未来人生的选择就会越丰富。尤其是在基础教育阶段，如果我们能够给学生提供更多的课程，他们就会有更多的可能，"千军万马过独木桥"的拥挤和踩踏，或许就会得到很大程度的减轻。

如果在小学阶段，我们就过于追求某种"确定"，无疑会让孩子的生命形态过早地被封闭、被形塑、被固化，让孩子原本潜藏的"无限的可能"过早地成为唯一的"确定"。这种"确定"，无疑是对他未来人生的一种残酷而无情的"判刑"，无论"有期"，还是"无期"，从此他只能沿着"被确定""被判定"的路线，一条道上走到黑。

这些年来，我一直在反对小学过多过繁的考试和检测，反对小学阶段对成绩和分数的过于看重，最根本的原因就在于：如果从小学开始孩子们就一门心思地追求分数，那么他未来一生所追求的东西，可能就如分数那样的单调和枯燥。如果一所小学在人生最重要的六年时光里，只能让孩子学会怎么做试卷，那孩子的人生和世界，可能就只有试卷那么大。

但让我不得不承认的是，现在有些小学真的只剩下试卷和考试了。我所熟悉的一所学校，一年级时居然就提前一个多月结束了新课。我问："剩下的时间做什么？""复习啊。"回答者仿佛在笑我明知故问。一年级有什么可复习的？反复做题，做各种各样的练习卷。老师在全班扬言："低于班平均成绩的，打手板儿。"班平均成绩也不高，老师说98分。班里一个孩子对妈妈说："考试那天提醒我，我不要参加考试。"刚进学校的孩子啊，才一年级的孩子啊，如果他现在就害怕学习，那未来的十多年里，我们还能期望他怎样学习？

我其实知道，这样的事情并非孤例，这只是当下小学教育简单粗暴的一个缩影。所以，我愿意不断写下这样的文字，不断表达我对理想教育的理解和期望。

当然，我也非常欣慰地看到，一些学校，一些老师，甚至一些家长，在不断为着这种"可能"努力。现在，已经有不少家长开始按照鲁迅先生所说的那样，"肩住黑暗的闸门"，让孩子"在家上学"，或家庭集资筹办私塾性质的幼儿园及小学。尽管他们也会担心和焦虑，孩子将来如何与庞大的教育体制"接轨"，但是我想，孩子在童年阶段所感受到的美好，或多或少也能够成为他们未来生命的一种支撑和安慰。

在我身边，还有一些老师愿意把自己的"课时"拿一部分出来，让孩子读书、看电影，甚至干脆就是玩儿。每每遇到这样的老师，我总愿意给予他们肯定和鼓励：在小学阶段，无论哪一门学科，少上一节两节课，对孩子的一生都不会有什么影响。但是，你让孩子读到的某一本书、看到的某一部电影，极有可能成为他们人生中的一道伏笔，一条暗线，一种"可能"。

更让人欣喜的是，基于对教育的深切理解和自觉担当，已经有一些学校愿意真心为孩子的长远未来考虑，为学生"更为丰富的可能"着想。在今天紧张的教育环境里，他们努力拓展和构建更为丰富多元的课程，以此来作为孩子生命发育和精神发展的底子。他们知道，对孩子来说，一切皆有可能，而教育的目的，就是为了成全更多可能。

说到"底子"，小学阶段属于基础教育，这其实就是一种"打底子"的工作，比如知识的底子，能力的底子，兴趣的底子，精神的底子等。它所关注和看重的，是原初性的、起点性的、根本性的。我们或许都知道"基础不牢，地动山摇"这一说法，但我们还应当知道，这种"牢"，需要建立在更宽、更厚的前提下。就像一座金字塔，只有根基越深厚，底座越宽大，才越能够保证塔建得更高大、更结实、更雄伟。

很难想象，一座尖底的金字塔如何能够牢固、长久地屹立在这世间，就像如果没有丰富的"可能"垫底，一个孩子如何可能成就最切己、最适性的"确定"。

最好的教育，或许从中年开始

有关中年的电影，我对《男人四十》印象最深，因为事关教师。虽然孔子曾说"四十而不惑"，但对中学语文教师林耀国来说，人到四十岁依然面临一大堆困惑。那种平淡，琐碎，迷惘，不甘，隐忍与辛酸，被张学友演绎得淋漓尽致。可以说，我的中年启蒙课就是这部电影。

只是，我天生愚钝，中年后才真正开始思考教育、研究教育。教到中年，人生的格局和气象几乎已成定数。"路径依赖"也好，"成本沉没"也罢，毕竟做了几十年的教育，再不喜欢，多半也只能将就继续做着。跟青年教师讲课，我喜欢说：若要爱，请深爱，若不爱，请离开。但教到中年，再不爱，可能也难离开，不是每个人都有"壮士断腕"的决心和勇气，所以我会说：若要做，用心做。

道理很简单，教育是需要用心的事业。人到中年，教育也是值得敬重、敬畏的事业，是属于自己的事业。虽然已经做了许多年，但是想想，还要再做下去的话，倘若一直心不在焉，一直"身在曹营心在汉"，势必陷入"灵与肉的分离"。

敬重或敬畏事业，简称"敬业"。常言的"爱岗敬业"，其实有顺序问题：得先敬业，才会爱岗，否则，只能敷衍。毕竟，人到中年，并非"船到码头车到站"——前边的路还长呢。既然来到这世间，谁都没打算活着回去，何不让自己过得更精彩些？

张文质先生曾说，教育是中年人的事业。他说的"中年"，显然不单指年龄。以我的理解，人到中年，会更深刻觉知生命的意义、教育的价值。中年教师，多已为人父母，养过儿，育过女，对成长的艰辛与不易有深切的感受。生理稳健，心理成熟，更富智慧，更多从容。以此心态和状态从事教育，自然会融入自己的经验和情怀，以"亦师亦长"的平和、悲悯与怜爱，去理解和体谅学生，对学生更多容忍和宽怀。

没有人是天生的父母，也没有人是天生的教师。很多时候，我们是在养育孩子的过程中，才学会了真正的爱；我们是在当教师的过程中，才明白了真正的教育。

我的同事胥晓芸老师曾经说过，她在做了母亲后，再次面对学生时有这样一种感觉：看到撒谎的孩子，就会想，是不是父母没有给予他足够的信任，而让他今天不敢说实话？看到字写得差的孩子，就会想，是不是小时候妈妈让他活动的时间太少，手指的发育晚了？看到没有完成作业的孩子，就会想，昨晚的作业是不是太多了，家长是不是没在身边，他究竟是哪里觉得做起来很困难呢？

她还说，再也舍不得给孩子布置太多作业，因为担心他们的眼睛，担心他们的身体；舍不得批评、嘲笑上课答问结结巴巴、错误百出的孩子，因为知道他们和我女儿一样，非常想展现出最好的自己；也不会再因为孩子的小错就请来家长，训完孩子又数落大人，因为相信每个孩子都是父母的珍宝，每个父母也都想做世界上最好的爸爸妈妈。

说这番话时，胥老师其实还年轻，远未到所谓的"中年之境"，但这种将心比心，这种"不忍"和"不舍得"，很容易让人感觉到"中年的况味"，感觉到中年教师特有的温和、柔软、仁爱、慈悲。张爱玲曾说，因为懂得，所以慈悲。所谓的"懂得"，只会来自自身的经历和体验，来自生活馈赠的感受力、理解力、包容力；所谓的"慈悲"，也只会建立在设身处地、感同身受的基础上，建立在对生命的敬畏、同情和悲悯中。

人在年轻时，往往意气风发，神采飞扬，多热情、激情，而少温情、深情。做教师，固然需要热情和激情，但更需要温情和深情。教育需要适宜的温度，更需要持续的温度，唯其深情，才能持久。如《礼记》所谓："有深爱者必有和气，有和气者必有愉色，有愉色者必有婉容。"所以我说，教到中年，最好的教育，或许刚刚开始。

毋庸讳言，中年也是最容易消磨锐气、泯灭激情的时期。所谓的斗志消退，所谓的职业倦怠，多半发生于此。教到中年，职称该上的已经上了，工资能涨的也都涨了，不能上、不能涨的也一大把年纪和资历了。往前，似乎再没什么盼头和奔头，迷茫和松弛，懈怠和停滞，这些往往像"更年期综合征"一样如影随形。此即所谓的中年危机。

但教到中年，正如"危机"一词所示，有"危险"，也会有"机遇"。倘能转危为安，不仅能化险为夷，而且能焕发生机，让自己的生命"柳暗花明又一村"。

我认识一个老师，大学毕业后一直在乡村教书，从村小到中心校，18年教学生涯几乎都在"沉睡"，如她所说，"被动而麻木地执行各项命令"。但是在接触我所创办的"知行社"后，她仿佛重新恢复了"知觉"。她有篇文章叫《四十岁，刚发芽》。从文章里所写的内容来看，她真的发芽了，长叶了，甚至含苞绽放了。看她的博客，看她的课堂，看她对教育的理解，几乎年年都有新变化，可谓是真正的转"危机"为"生机"。

我的朋友，网名高原石头，原为重庆特级教师，引进我区时，是真正的"人到中年"。但每次见面，谈到学生，她都眉飞色舞，如数家珍。她给我印象最深的，一是她所带的班级从未考过年级第一。她说不是不能，而是不愿，不愿让学生把时间花在考第一上，而愿意带他们体会语文的美、美文的趣。她觉得这才是真正有用的。二是她50岁后才开博客，在网上发文章，但很快就成了高手。不到两年时间，她的博客，就有了数千篇文章，还得了新浪网的大奖。退休后，她也没闲着，一会儿跑去山东，一会儿跑去贵州，当指导教师，做驻校专家。60多岁的年龄，依然风风火火，给人感觉她的生命仿佛是"从中年开始"的。

这些年来，随着对教育的观察和考量，我越发觉得，教育或许最适合中年人做。因为，教到中年，往往是最能尊重生命成长节律、最能依循教育发展规律的。

教育是慢的艺术。成长，更是快不得、急不得的事情。人到中年，步伐往往更沉稳，心态往往更平稳，不再像年轻时那样急躁、浮躁，也不像年轻时那样紧张、匆忙。教到中年，往往更懂得生命的艰辛和困窘，也更清楚自己的边际和局限，更容易以相对豁达、舒缓、优雅的姿势面对教育，更容易以"我行我素""相对任性"的方式"做教育"，更接近我们的"本心"，也更接近教育的"本性"。

当然，真要达到这种境界，中年教师首先得自己醒来。职业倦怠也好，审美疲劳也罢，甚至出现负面情绪，这也大多是因为自己身陷迷境，心志迷糊。周濂说，你永远无法唤醒一个装睡的人；零点乐队则唱道，唤醒自己也就不再难过。在我看来，的确如此。教到中年，倘能真正唤醒自己，就会对自己的事业更专注，更深情，更着迷。

我曾对中年教师开玩笑说：多工作可以延缓衰老进程，多思考可以防止老年痴呆。现在看，其实并非玩笑。那些积极工作的教师，那些不断进取的教师，往往能凭着丰厚的积淀，凭着坚定的意念，不断重建自己的生命，不断点燃生命的热情，始终保持心灵的"年轻态"，使得中年这一尴尬时段成为他们生命中的"黄金时间"。

梁实秋曾说："中年的妙趣，在于相当地认识人生，认识自己，从而做自己所能做的事，享受自己所能享受的生活。"对此，他有一个妙喻："科班的童伶宜于唱全本的大武戏，中年的演员才能担得起大出的轴子戏，只因他到中年才能真懂得戏的内容。"

教到中年，其实也是如此：真懂得，才能真正享受到教育的妙趣。